A ESSÊNCIA DA
Meditação

EDITORA AFILIADA

Os Objetivos, a Filosofia e a Missão da Editora Martin Claret

O principal Objetivo da MARTIN CLARET é continuar a desenvolver uma grande e poderosa empresa editorial brasileira, para melhor servir a seus leitores.

A Filosofia de trabalho da MARTIN CLARET consiste em criar, inovar, produzir e distribuir, sinergicamente, livros da melhor qualidade editorial e gráfica, para o maior número de leitores e por um preço economicamente acessível.

A Missão da MARTIN CLARET é conscientizar e motivar as pessoas a desenvolver e utilizar o seu pleno potencial espiritual, mental, emocional e social.

A MARTIN CLARET está empenhada em contribuir para a difusão da educação e da cultura, por meio da democratização do livro, usando todos os canais ortodoxos e heterodoxos de comercialização.

A MARTIN CLARET, em sua missão empresarial, acredita na verdadeira função do livro: o livro muda as pessoas.

A MARTIN CLARET, em sua vocação educacional, deseja, por meio do livro, claretizar, otimizar e iluminar a vida das pessoas.

Revolucione-se: leia mais para ser mais!

MARTIN CLARET

Coleção Pensamentos e Textos de Sabedoria

A ESSÊNCIA DA
Meditação

**A Essência da Sabedoria dos
Grandes Gênios de Todos os Tempos**

MARTIN CLARET

A ARTE DE VIVER

Créditos

© *Copyright* Editora Martin Claret, 2005

IDEALIZAÇÃO E COORDENAÇÃO
Martin Claret

CAPA
A Virgem e o Menino entre São João Batista e São João Evangelista (detalhe), Sandro Botticelli (Ver pág. 125)

MIOLO
Revisão
Rosana Citino

Direção de Arte
José Duarte T. de Castro

Digitação
Conceição A. Gatti Leonardo

Editoração Eletrônica
Editora Martin Claret

Fotolitos da Capa
OESP

Papel
Off-Set, 70g/m²

Impressão e Acabamento
Paulus Gráfica

EDITORA MARTIN CLARET LTDA.
R. Alegrete, 62 – Bairro Sumaré – São Paulo-SP
CEP: 01254-010 - Tel.: (11) 3672-8144 – Fax: (11) 3673-7146
www.martinclaret.com.br

Agradecemos a todos os nossos amigos e colaboradores — pessoas físicas e jurídicas — que deram as condições para que fosse possível a publicação deste livro.

Este livro foi impresso na primavera de 2005.

A ARTE DE VIVER

Seja profeta de si mesmo

Martin Claret

"A função derradeira das profecias não é a de predizer o futuro, mas a de construí-lo."

Somos criaturas programáveis

Caro leitor: *não é por acaso que você está lendo este livro-clipping. Nada acontece por acaso. Tudo acontece por uma causa.*

Possivelmente a causa de você o estar lendo seja a sua vontade de obter mais informações ou expandir a sua consciência. A causa, também, pode ser a força da minha mentalização.

Cientistas, antropólogos, psicólogos e educadores têm afirmado que o ser humano é uma criatura culturalmente programada e programável.

Eis aí uma grande verdade.

Seu *hardware* e seu *software*

Nosso cérebro e nosso sistema nervoso — o nosso **hardware** *(a máquina) — é mais ou menos igual em todas as pessoas. A grande diferença que faz a diferença* *é o que está gravado ou programado no cérebro, isto é, o nosso* software *(o programa).*

Explicando de uma maneira extremamente simplificada, você tem três tipos de programação: 1º- a programação genética (o instinto); 2º- a programação sóciocultural (família, amigos, escola, trabalho, líderes espirituais e políticos, livros, cinema, TVs, etc.); 3º- a autoprogramação ou a programação feita por você em você mesmo.

Na primeira programação você não tem nenhum controle; na segunda, tem controle parcial; e na terceira programação você tem controle total.

É fundamental que você saiba, conscientemente, controlar o terceiro tipo de programação, ou seja, a autoprogramação.

Um método de autoprogramação humana

Todos os livros-clippings *da coleção* Pensamentos de Sabedoria *foram construídos para conduzir você a se autoprogramar para um estado de ser positivo, realístico e eficiente.*

Depois de longa pesquisa e vivência — análise e intuição — concluí que há, e sempre houve, um método simples e seguro de autoprogramação.

As informações adquiridas por meio da leitura de "historinhas", parábolas, fábulas, metáforas, aforismos, máximas, pensamentos, etc., podem, eventualmente, atingir seu subconsciente sem passar pelo crivo do consciente analítico e bloqueador. Esta prática permite, sem grande esforço, implantar em seu sistema automático perseguidor de objetivos uma programação incrivelmente poderosa e geradora de ação.

Sabemos — o grande objetivo da educação não é apenas o saber, *mas a* ação.

Um dos maiores Mestres de nosso tempo e um gênio na Arte de Viver, formalizou com incrível simplicidade este princípio quando ensinou: "Pedi e vos será dado; buscai e achareis; batei e vos será aberto. Pois todo o que pede, recebe; o que busca, acha; e ao que bate, se abrirá".

Hoje, em plena era da informática, com a conseqüente revolução da comunicação, estamos compreendendo esses eficientes recursos que temos inerentemente dentro de nós.

Um livro "vivo" e motivador

A coleção Pensamentos de Sabedoria *foi idealizada e construída para nos programar (autoprogramar) para a plenitude da vida. São 72 volumes de 112/128 páginas, no formato de bolso 11,5 x 18 cm com textos essencializados, de alta qualidade gráfica, periodicidade mensal, baixo custo e distribuição em nível nacional.*

Este livro começa onde o leitor o abrir. Ele não tem início nem fim. Pode continuar na nossa imaginação.

A essência da sabedoria dos grandes mestres espirituais, líderes políticos, educadores, filósofos, cientistas e empreendedores está aqui reunida de uma maneira compacta e didaticamente apresentada.

Buscamos a popularização do livro.

A foto e o pequeno perfil biográfico do autor de cada pensamento têm a função de facilitar a visualização do leitor. As "historinhas", ou "cápsulas" de informação, estão apresentadas com extrema concisão. As principais emoções e os mais importantes assuntos do conhecimento humano estão presentes nos 72 volumes. Cada título da coleção Pensamentos de Sabedoria *é um livro "vivo", motivador e transformador. Oferecemos o livroterapia.*

Uma paixão invencível

Minha permanente paixão cultural (já o disse em outros trabalhos) é ajudar as pessoas a se auto-ajudarem. Acredito ser esta minha principal vocação e missão. Quero "claretizar" as pessoas, ou seja, orientá-las no sentido de que vivam plenamente e tenham uma visão univérsica do mundo. Que sejam e que vivam harmonizadamente polarizadas.

Você tem o poder de genializar-se.

Este é o meu convite e o meu desafio lançado a você, leitor. Participe do "Projeto Sabedoria" e seja uma pessoa cosmo-pensada e auto-realizada.

"Pensar que É faz realmente SER".

Leitor amigo: vamos, juntos, construir uma poderosa força sinérgica para o nosso desenvolvimento pessoal e para o desenvolvimento de todas as pessoas de boa vontade.

Comece rompendo seus limites, modelando os grandes gênios. Visualize-se como já sendo "um vencedor do mundo".

Seja profeta de si mesmo.

A ARTE DE VIVER

EMERSON (Ralph Valdo) - Ensaísta, conferencista, filósofo e poeta norte-americano, nascido na cidade de Boston. Estudou em Harvard, com a expectativa paterna de se tornar ministro religioso. Por algum tempo Emerson exerceu a função de pastor em sua cidade natal. Contudo, uma divergência doutrinária fê-lo desistir e retirar-se da Igreja.

Desenvolveu a filosofia transcendentalista, exposta em suas obras *Natureza*, *Ensaios*, *Sociedade* e *Solidão*, entre outras. Segundo consta, o transcendentalismo exerceu grande influência sobre a vida intelectual norte-americana do século 19. (1803 - 1882)

> **Silenciamos, para que possamos ouvir os murmúrios de Deus.**

A ARTE DE VIVER

O que é meditação

Bhagwan Shree Rajneesh

O *primeiro passo é saber o que é meditação. Tudo o mais é conseqüência.*

Não posso dizer-lhe que você deve fazer meditação, posso apenas lhe explicar o que ela é. Se você me compreender, estará em meditação; não existe nenhum dever nisso. Se você não me compreender, não estará em meditação.

Meditação é um estado de não-mente. Meditação é um estado de consciência pura sem conteúdo. Normalmente, sua consciência está repleta de lixo, como um espelho coberto de poeira. Há um tráfego constante na mente: pensamentos estão se movendo, desejos, memórias, ambições estão se movendo — é um tráfego contínuo! Dia após dia! Mesmo quando você está dormindo, a mente está funcionando, sonhando; continua pensando, continua com suas preocupações e ansiedades. Ela está se preparando para o dia seguinte; no fundo, uma preparação já está acontecendo.

Esse é o estado não-meditativo. A meditação é exatamente o oposto. Quando o tráfego cessa e não há mais pensamentos movendo-se e desejos agitando-o, você está totalmente silencioso — este silêncio é meditação. E só nesse silêncio a verdade é conhecida, nunca de outro modo. Meditação é um estado de não-mente.

Você não pode encontrar a meditação através da mente, pois a mente perpetua a si mesma. Você só pode encontrar a meditação colocando a mente de lado, sendo calmo, indiferente, desidentificando-se dela; vendo seu movimento, mas sem se identificar, sem pensar que você é a mente.

Meditar é ter consciência de que você não é a mente. Quando esta consciência vai mais e mais a fundo em você, bem lentamente alguns momentos chegam — momentos de silêncio, momentos de total pureza, momentos de transparência nos quais nada o agita e tudo está sereno. Nesses momentos de tranqüilidade você sabe quem você é, e conhece o mistério dessa existência.

E chega um dia, um dia abençoado, no qual a meditação se torna seu estado natural.

A mente não é natural; ela nunca se torna natural. E a meditação é um estado natural que foi perdido. É um paraíso perdido, mas o paraíso pode ser recuperado. Olhe para os olhos de uma criança, olhe e verá um profundo silêncio, uma inocência. Toda criança vem com um estado meditativo, mas ela tem de ser iniciada nos caminhos da sociedade — tem de aprender como pensar, como calcular, como raciocinar, como argumentar; tem de aprender palavras, linguagens, conceitos. E, pouco a pouco, ela perde o contato com sua própria inocência. Torna-se contaminada, poluída pela sociedade; torna-se um mecanismo eficiente e deixa de ser humana.

Recuperar esse estado novamente é tudo o que é preciso. Você já o conheceu antes, por isso, quando entrar pela primeira vez na meditação, ficará surpreso — um sentimento muito forte de que você já conheceu esse estado antes surgirá em você. E essa sensação é verdadeira: você já a conheceu antes; apenas se esqueceu. O diamante se perdeu num monte de lixo. Mas se você puder tirar esse lixo de cima, descobrirá o diamante novamente — ele é seu.

Na verdade, ele não pode ser perdido; apenas esquecido. Nós nascemos como meditadores, depois aprendemos os caminhos da mente. Mas nossa natureza real permanece escondida em algum lugar, bem no fundo, como uma subcorrente. Qualquer dia, cavando um pouquinho, você descobrirá que a fonte, a fonte de águas puras, ainda está fluindo. E a maior felicidade na vida é descobrir isso.

(In: *O Livro Orange*, Bhagwan Shree Rajneesh, Soma, Arte e Edições, São Paulo, 1982.)

A ARTE DE VIVER

BALZAC (Honoré de) - Escritor francês, retratista da burguesia do século 19. Escreveu *A Comédia Humana*, obra inspirada na *Divina Comédia* de Dante Alighieri, embora de contexto bem diferente. Famoso também por sua apologia à mulher de mais de 30 anos, surgindo daí o termo "balzaquiana". Consta que algumas das mulheres que amou eram bem mais velhas do que ele. (1799 - 1850)

"
Quando nos concentramos e somos capazes de rezar sem fadiga e com amor, harmonizamo-nos com o poder divino; nossa vontade, semelhante a um tufão, abre caminho através de tudo, participando do poder divino.
"

A ARTE DE VIVER

Modificando o diálogo interior

Louise L. Hay

Todas as crianças aceitam as mensagens dadas por seus pais. Você certamente ouviu ordens como: "Junte seus brinquedos", "Arrume seu quarto" ou "Coma toda a verdura", e sentiu que tinha de obedecer para ser amado. Você entendeu que só seria bem aceito na família se fizesse determinadas coisas, que o amor e a aceitação eram condicionais. Todavia, essas ordens espelhavam somente a idéia de uma outra pessoa sobre o que era ou não aceitável, não tendo nada a ver com seu real valor interior. Mesmo assim, você passou a sentir que só teria permissão para existir se obedecesse a essas ordens.

Essas mensagens da infância contribuem muito para aquilo que eu chamo de *diálogo interior* — a conversa que cada um tem consigo mesmo. Essa conversa é de grande importância, pois constitui a base para nossas palavras faladas. Ela cria a atmosfera mental em que atuamos e que atrai experiências para nós. Se nos menosprezamos, a vida tem pouco significado para nós. Se nos amamos, a vida é um presente maravilhoso, pleno de alegria.

Quando se está infeliz, irrealizado, é muito fácil

culpar os pais, ou *a eles*, e dizer que é tudo culpa *deles*. Contudo, quem age assim fica empacado nas condições, problemas e frustrações. Palavras de acusação não trazem liberdade. Lembre-se sempre: existe poder em suas palavras. E, repito, o poder vem quando você assume a responsabilidade por sua vida. Sei que essa idéia parece um tanto assustadora, mas é a pura verdade, esteja você disposto ou não a aceitá-la. Para ser responsável por sua vida, você tem de ser responsável pelas palavras que saem de sua boca. As palavras e frases que você emite são extensões de seus pensamentos.

Comece a prestar atenção ao que você diz. Se estiver usando palavras negativas ou limitadoras, modifique-as. Quando me contam uma história negativa, não saio por aí espalhando-a pelo mundo. Concluo que ela já foi longe demais e não lhe dou atenção. No entanto, quando ouço uma história positiva, faço questão de transmiti-la a todos que encontro.

Quando você estiver com outras pessoas, preste atenção ao que elas dizem e ao modo como falam. Veja se é capaz de associar o que disseram às situações que elas estão vivenciando. Repare que muita gente vive na base do "eu deveria". *Deveria* é uma palavra para a qual meu ouvido está sempre atento. É comum eu surpreender pessoas usando uma dúzia de *deverias* em um único parágrafo. E são essas mesmas pessoas que ficam imaginando por que suas vidas são tão rígidas ou por que elas não conseguem sair das situações desagradáveis. O fato é que elas querem controlar coisas que não podem controlar. Estão fazendo mal a si mesmas ou a alguém e ficam se perguntando por que não estão experimentando uma vida cheia de liberdade.

Outra expressão que precisa ser removida da fala e pensamento é "tenho de". Quando conseguir isso, você aliviará muito a pressão que impõe sobre si mesmo. Cria-se uma pressão imensa ao se dizer: "Tenho de ir trabalhar... Tenho de fazer isto ou aquilo...Tenho de, Tenho de..." Em vez disso, comece a falar "escolho". "Eu *escolho* ir trabalhar, porque isso é o que atualmente paga meu aluguel." A palavra *escolher* coloca uma perspectiva completamente diferente em sua vida. Lembre-se sempre de que tudo o que você faz é por escolha, mesmo que não lhe pareça.

Um termo que muitos usam com freqüência é "mas". Faz-se uma declaração e logo em seguida acrescenta-se um *mas*, o que leva para direções diferentes e resulta em mensagens conflitantes para quem falou. De agora em diante, preste muita atenção ao modo como vai usar seus *mas*.

A expressão "não esqueça" também deve ser usada com cuidado. Ela é tão habitual que acabou perdendo a força. Comece a usar *por favor, lembre-se* em lugar de *não esqueça* e verá a diferença em você e nos outros.

De manhã, ao acordar, você resmunga e amaldiçoa o fato de ter de se levantar para o trabalho? Queixa-se do clima? Reclama que sua cabeça ou costas estão doendo? O que faz logo em seguida? Grita com as crianças para elas se levantarem? A maioria das pessoas costuma dizer mais ou menos as mesmas coisas ao acordar. Quais são as frases que você tem o hábito de usar? Elas são positivas e alegres ou chorosas e acusadoras? Se você é dos que resmungam, gemem e reclamam, pode ter certeza de que está atraindo um dia que justificará tudo isso.

Quais são seus últimos pensamentos antes de adormecer? São poderosos pensamentos de cura ou tristes pensamentos de pobreza? Quando falo em pensamentos de pobreza, não estou me referindo apenas à falta de dinheiro. Eles podem ser um modo negativo de pensar sobre qualquer coisa, qualquer parte de sua vida que não esteja fluindo livremente. Se está preocupado com o amanhã, procure ler algo positivo antes de dormir. Costumo fazer isso porque sei que, enquanto durmo, estou fazendo uma boa limpeza mental que me preparará para o dia seguinte.

Acho muito útil entregar a meus sonhos os problemas e perguntas que me perturbam. Sei que eles me ajudarão na solução de qualquer situação desagradável que esteja acontecendo em minha vida. Tente entregar suas preocupações a seus sonhos e veja os resultados.

Dentro de minha mente, só eu penso. Você também é o único que pensa dentro de sua mente. Ninguém pode nos forçar a pensar de maneira igual ou diferente. Cada um escolhe seus pensamentos, os quais constituem a base para o *diálogo interior*. Quando passei a prestar mais atenção a esse processo, comecei a observar minhas palavras e pensamentos, repetindo constantemente a mim mesma que devia me desculpar por não ser perfeita. Assim, permiti-me ser eu mesma em vez de ficar lutando para ser uma superpessoa que talvez só seja aceitável aos olhos dos outros. Foi a partir daí que comecei a viver o que ensinava.

Quando realmente passei a confiar na vida e a ver o mundo como um lugar amigo, tornei-me muito mais disposta. Meu humor ficou bem mais engraçado e menos sarcástico. Trabalhei muito para soltar de mim o hábito de criticar e julgar a mim mesma e aos outros e parei de contar histórias tristes, repletas de desastres. É impressionante como todos nós temos a mania de espalhar rapidamente as más notícias. Uma das atitudes que tomei enquanto tentava me modificar foi parar de ler os vespertinos e assistir ao último telejornal da noite, pois todas as reportagens falavam de desastres e violência, havendo muito pouco de bom nelas. A propósito, já notei que a maioria das pessoas gosta mesmo é das más notícias. Adoram ouvi-las para terem do que reclamar. O pior é que muitos ficam reciclando as histórias negativas e acabam acreditando que neste mundo só existe o mal.

Quando tive câncer, propus-me a parar de fofocar e, para minha surpresa, descobri que praticamente não tinha nada a dizer a ninguém. Dei-me conta de que sempre que eu me encontrava com uma amiga começava imediatamente a comentar a sujeira dos outros. Pouco a pouco fui descobrindo que havia um outro modo de conversar, mas devo confessar que foi difícil superar esse mau hábito. Conscientizei-me também de que, se eu fofocava sobre outras pessoas, elas provavelmente fofocavam sobre mim, pois o que se faz, volta.

Sob essa nova visão, passei a prestar maior atenção às pessoas que eu atendia, concentrando-me mais nas palavras do que no tom geral da conversa. Com isso bastavam dez minutos com um cliente para eu ser capaz de detectar exatamente qual era seu problema pela escolha de suas palavras. E eu pensava: se essa pessoa fala de modo tão negativo, como será seu *diálogo interior?* Claro que só poderia ser mais programação negativa, pensamentos de pobreza, como eu os chamo.

Quero sugerir um exercício. Coloque um gravador perto de seu telefone e ligue-o sempre que der ou receber uma chamada. Quando a fita estiver totalmente gravada dos dois lados, ouça o que você esteve dizendo e que palavras usou. Acho que você ficará chocado. A partir de agora, comece a prestar atenção às palavras que você costuma usar e em sua inflexão de voz. Se perceber que repete a mesma expressão três, ou mais vezes, anote-a; isso é um de seus padrões de pensamento. Alguns desses padrões serão positivos e capazes de lhe proporcionar apoio, mas certamente você encontrará alguns muito negativos que só o estão prejudicando.

(In: *O Poder Dentro de Você*, Louise L. Hay, Círculo do Livro, São Paulo, 1993.)

> Dentro de nós estão as respostas para todas as perguntas que podemos fazer. Você não tem idéia de quanto é sábio. Você pode cuidar de si mesmo, pois tem todas as respostas de que precisa. Ligue-se com seu mundo interior: você se sentirá muito mais seguro e poderoso.

Louise L. Hay

A ARTE DE VIVER

A importância da auto-estima

Nathaniel Branden

A forma como nos sentimos acerca de nós mesmos é algo que afeta crucialmente todos os aspectos da nossa experiência, desde a maneira como agimos no trabalho, no amor e no sexo, até o modo como atuamos como pais, e até aonde provavelmente subiremos na vida. Nossas reações aos acontecimentos do cotidiano são determinadas por quem e pelo que pensamos que somos. Os dramas da nossa vida são reflexo das visões mais íntimas que temos de nós mesmos. Assim, a auto-estima é a chave para o sucesso ou para o fracasso. É também a chave para entendermos a nós mesmos e aos outros.

Além de problemas biológicos, não consigo pensar em uma única dificuldade psicológica — da ansiedade e depressão ao medo da intimidade ou do sucesso, ao abuso de álcool ou drogas, às deficiências na escola ou no trabalho, ao espancamento de companheiros e filhos, às disfunções sexuais ou à imaturidade emocional, ao suicídio ou aos crimes violentos — que não esteja relacionada com uma auto-estima negativa. De todos os julgamentos que fazemos, nenhum é tão importante quanto o que fazemos sobre nós mesmos. A auto-estima positiva é requisito importante para uma vida satisfatória.

Vamos entender o que é auto-estima. Ela tem dois componentes: o sentimento de competência pessoal e o sentimento de valor pessoal. Em outras palavras, a auto-estima é a soma da autoconfiança com o auto-respeito. Ela reflete o julgamento implícito da nossa capacidade de lidar com os desafios da vida (entender e dominar os problemas) e o direito de ser feliz (respeitar e defender os próprios interesses e necessidades).

Ter uma auto-estima elevada é sentir-se confiantemente adequado à vida, isto é, competente e merecedor, no sentido que acabamos de citar. Ter uma auto-estima baixa é sentir-se inadequado à vida, errado" não sobre este ou aquele assunto, mas *errado como pessoa*. Ter uma auto-estima média é flutuar entre sentir-se adequado ou inadequado, certo ou errado como pessoa e manifestar essa inconsistência no comportamento — às vezes agindo com sabedoria, às vezes como tolo —, reforçando, portanto, a incerteza.

A capacidade de desenvolver uma autoconfiança e um auto-respeito saudáveis é inerente à nossa natureza, pois a capacidade de pensar é a fonte básica da nossa competência, e o fato de que estamos vivos é a fonte básica do nosso direito de lutar pela felicidade. Idealmente falando, todos deveriam desfrutar um alto nível de auto-estima, vivenciando tanto a autoconfiança intelectual como a forte sensação de que a felicidade é adequada. Entretanto, infelizmente, uma grande quantidade de pessoas não se sente assim. Muitas sofrem de sentimentos de inadequação, insegurança, dúvida, culpa e medo de uma participação plena na vida — um sentimento vago de "eu não sou suficiente". Esses sentimentos nem sempre são reconhecidos e confirmados de imediato, mas eles existem.

No processo de crescimento e no processo de vivenciar esse crescimento, é muito fácil que nos alienemos do autoconceito positivo (ou que nunca formemos um). Poderemos nunca chegar a uma visão feliz de nós mesmos devido a informações negativas vindas dos outros, ou porque falhamos em nossa própria honestidade, integridade, responsabilidade e auto-afirmação, ou porque julgamos nossas próprias ações com uma compreensão e uma compaixão inadequadas.

Entretanto, a auto-estima é sempre uma questão de grau. Não conheço ninguém que seja totalmente carente de auto-estima positiva, nem que seja incapaz de desenvolver auto-estima.

Desenvolver a auto-estima é desenvolver a convicção de que somos capazes de viver e somos merecedores da felicidade e, portanto, capazes de enfrentar a vida com mais confiança, boa vontade e otimismo, que nos ajudam a atingir nossas metas e a sentirmo-nos realizados. Desenvolver a auto-estima é expandir nossa capacidade de ser feliz.

Se entendermos isso, poderemos compreender o fato de que para todos é vantajoso cultivar a auto-estima. Não é necessário que nos odiemos antes de aprender a nos amar mais; não é preciso nos sentir inferiores para que queiramos nos sentir mais confiantes. Não temos de nos sentir miseráveis para querer expandir nossa capacidade de alegria.

Quanto maior a nossa auto-estima, mais bem equipados estaremos para lidar com as adversidades da vida; quanto mais flexíveis formos, mais resistiremos à pressão de sucumbir ao desespero ou à derrota.

Quanto maior a nossa auto-estima, maior a probabilidade de sermos criativos em nosso trabalho, ou seja, maior a probabilidade de obtermos sucesso.

Quanto maior a nossa auto-estima, mais ambiciosos tenderemos a ser, não necessariamente na carreira ou em assuntos financeiros, mas em termos das experiências que esperamos vivenciar de maneira emocional, criativa ou espiritual.

Quanto maior a nossa auto-estima, maiores serão as nossas possibilidades de manter relações saudáveis, em vez de destrutivas, pois, assim como o amor atrai o amor, a saúde atrai a saúde, e a vitalidade e a comunicabilidade atraem mais do que o vazio e o oportunismo.

Quanto maior a nossa auto-estima, mais inclinados estaremos a tratar os outros com respeito, benevolência e boa vontade, pois não os vemos como ameaça, não os sentimos como "estranhos e amedrontados num mundo que [nós] jamais criamos" (citando o poema de A. E. Housman), uma vez que o auto-respeito é o fundamento do respeito pelos outros.

Quanto maior a nossa auto-estima, mais alegria teremos pelo simples fato de ser, de despertar pela manhã, de viver dentro dos nossos próprios corpos. São essas as recompensas que a nossa autoconfiança e o nosso auto-respeito nos oferecem.

(In: *Auto-Estima – Como Aprender a Gostar de Si Mesmo*, Editora Saraiva, São Paulo, 1992.)

A ARTE DE VIVER

HUBERTO ROHDEN - Filósofo e educador brasileiro. Nasceu na cidade catarinense de Tubarão. Escreveu cerca de 50 obras sobre religião, ciência e filosofia. Em Princeton, conheceu Einstein, quando lançou os alicerces para o movimento mundial da Filosofia Univérsica. É biógrafo de Einstein, Pascal, Gandhi, Jesus de Nazaré e Paulo de Tarso, entre outros. Seu livro mais conhecido é *De Alma para Alma*. (1893 - 1981)

> *A verdadeira meditação, ou cosmo-meditação, é indispensável para a felicidade e plenitude do homem.*

A ARTE DE VIVER

Meditação dinâmica

A meditação matinal diária no *ashram*

Bhagwan Shree Rajneesh

Quando o sono se acaba, a natureza inteira torna-se viva; a noite se foi, a escuridão não existe mais, o sol está surgindo, e tudo se torna consciente e alerta. Esta é uma meditação na qual você tem de estar continuamente alerta, consciente, atento a tudo o que fizer. Permaneça uma testemunha. Não se perca.

É fácil se perder. Enquanto você está respirando pode se esquecer, pode tornar-se um com a respiração, de tal maneira que acaba se esquecendo de ser uma testemunha. Mas, assim, você perde o ponto importante. Respire o mais rápida e profundamente possível; ponha toda a sua energia nisso, mas permaneça uma testemunha. Observe o que está acontecendo, como se fosse apenas um espectador, como se tudo estivesse acontecendo com outra pessoa, ou como se estivesse acontecendo no corpo e a consciência ficasse no centro, olhando. Esse testemunhar tem de ser mantido nos três primeiros estágios. E, no quarto estágio, quando tudo pára e você fica completamente inativo, paralisado, então esse estar alerta chega ao clímax.

A Meditação Dinâmica dura uma hora e tem cinco

estágios. Você pode fazê-la sozinho, mas a energia será mais poderosa se for feita em grupo. É uma experiência individual, por isso você deve ignorar a presença dos outros à sua volta e manter os olhos fechados durante o tempo todo; de preferência, use uma venda. É melhor estar com o estômago vazio e usar roupas largas e confortáveis.

Primeiro Estágio: 10 minutos

Respire caoticamente pelo nariz, concentrando-se mais na exalação. O corpo se encarregará da inalação. Faça isto o mais rápido e o mais forte que puder — depois, continue ainda mais forte até se tornar literalmente a própria respiração. Use os movimentos naturais do seu corpo para ajudá-lo a levantar sua energia. Sinta-a subindo, mas não deixe que nada se extravase durante o primeiro estágio.

Segundo Estágio: 10 minutos

Faça-se explodir! Deixe sair tudo que precisa ser jogado fora. Fique totalmente louco, grite, berre, chore, pule, sacuda-se, dance, cante, ria, jogue-se para todos os lados. Não segure nada, mantenha todo seu corpo em movimento. Representar um pouco, no começo, muitas vezes ajuda. Nunca deixe que sua mente interfira no que está acontecendo. Seja total.

Terceiro Estágio: 10 minutos

Com os braços para cima, salte no mesmo lugar, gritando o mantra "Hoo! Hoo! Hoo!" o mais pro-

fundamente possível. Cada vez que seus pés baterem no chão, com a sola inteira, deixe que o som martele bem fundo dentro de seu centro sexual. Dê tudo o que puder, vá até a exaustão total.

Quarto Estágio: 15 minutos

Pare! Imobilize-se no lugar e na posição que estiver. Não ajeite o corpo de modo algum. Uma tossida, um movimento, qualquer coisa dissipará o fluxo de energia e o esforço será perdido. Seja uma testemunha de tudo o que estiver acontecendo com você.

Quinto Estágio: 15 minutos

Celebre e alegre-se com a música e a dança, expressando sua gratidão para com o todo. Carregue sua alegria com você por todo o dia.

Se o lugar da meditação não permitir que você faça barulho, faça esta alternativa silenciosa: em vez de se extravasar pelos sons, deixe que a catarse, no segundo estágio, aconteça totalmente através dos movimentos do corpo.

No terceiro estágio, o som "Hoo" pode ser martelado silenciosamente por dentro, e o quinto estágio pode ser uma dança expressiva.

Aconteceu uma vez — dois cachorros estavam olhando as pessoas fazerem a Meditação Dinâmica, então ouvi um dizer para o outro: Quando faço isso, meu dono me dá pílulas contra vermes.

Alguém disse que a meditação que estamos fazendo aqui parece ser pura loucura. E é. É assim de propósito. É loucura com método; é uma escolha consciente.

Lembre-se de que você não pode ficar louco voluntariamente. Se a loucura se apoderar de você, então você poderá ficar louco. Mas se você enlouquecer voluntariamente, isto será algo totalmente diferente. Basicamente, você estará no controle; e aquele que pode controlar até mesmo a loucura, nunca ficará louco.

Bhagwan fala sobre algumas das reações que podem acontecer no corpo, como resultado da profunda catarse da Meditação Dinâmica.

Se você sentir dor, fique atento a ela, não faça nada. A atenção é o melhor remédio — cura tudo. Simplesmente preste atenção à dor.

Por exemplo: você está sentado em silêncio na última parte da meditação, imóvel, e começa a sentir muitos problemas no corpo. Sente que a perna está dormindo, a mão está coçando, as formigas estão subindo pelo seu corpo. Você já olhou várias vezes e não há formigas. O formigamento é interno, não externo. O que você deve fazer? Se a perna está dormindo, observe, ponha toda sua atenção nisso. Se está sentindo coceira, não coce. Isto não ajudará. Apenas preste atenção. Nem mesmo abra os olhos. Preste atenção nisso interiormente, espere e observe. Dentro de alguns segundos, a coceira desaparecerá. Observe qualquer coisa que aconteça — mesmo que você sinta dor, uma dor forte no estômago ou na cabeça. Isto pode acontecer porque, na meditação, o corpo inteiro muda; sua química muda. Coisas novas começam a acontecer e o corpo está num caos. Algumas vezes, o estômago será afetado, porque você reprimiu muitas emoções no estômago e agora elas foram remexidas. Às vezes, sentirá náusea, vontade de vomitar. Outras vezes, sentirá uma forte dor de cabeça, porque a meditação muda a estrutura interna do cérebro. Nessa fase da meditação, você estará realmente num caos. Logo as coisas se acalmarão. Mas, nesse momento, tudo ficará em tumulto.

Então, o que fazer? Simplesmente veja a dor na cabeça, observe-a. Seja um observador e esqueça-se de que é um agente. Pouco a pouco, tudo se acalmará, e de uma maneira tão bela e graciosa, que você não poderá acreditar antes de conhecê-la. Não apenas a dor de cabeça desaparecerá — pois a energia que estava criando a dor, ao ser observada, desaparece — mas essa mesma energia tornar-se-á prazer. A energia é a mesma.

Dor ou prazer são duas dimensões da mesma energia. Se você puder permanecer sentado em silêncio, prestando atenção nas perturbações, todas elas desaparecerão. E, quando desaparecerem, você perceberá de repente que o corpo inteiro desapareceu.

Bhagwan fez uma advertência contra transformar essa observação da dor num outro fanatismo. Se sintomas físicos desagradáveis — dores e náusea — persistirem por mais de três ou quatro dias de meditação, não há, necessidade de ser masoquista — procure um médico. Isto se aplica a todas as técnicas de meditação de Bhagwan. Divirta-se!

(In: *O Livro Orange*, Bhagwan Shree Rajneesh, Soma Arte Edições, São Paulo, 1982.)

A ARTE DE VIVER

CRUZ E SOUZA (João da) - Poeta simbolista brasileiro, conhecido como o "poeta negro", nasceu em Desterro, atual Florianópolis, SC. De formação parnasiana, Cruz e Souza aliou um grande poder verbal e imagístico à musicalidade e às preocupações espirituais. Sua ânsia de infinito e verdade e seu agudo senso estético levaram-no a uma poesia original e profunda. Foi também um dos primeiros que se dedicaram à prosa poética. Suas obras *Broquéis*, *Faróis* e *Últimos Sonetos* situam-no ao lado dos grandes simbolistas franceses. (1861 - 1898)

"
A alma precisa de silêncio, pois no silêncio e na prece, nada teme.
"

Meditação

Mark Bricklin

No dia 23 de novembro de 1975, tive uma das experiências mais estranhas da minha vida. Ela aconteceu no salão de baile de um hotel de Nova York; mas eu não estava dançando e no salão não havia uma orquestra tocando. Umas mil pessoas se comprimiam no salão, mas mesmo assim a experiência foi profundamente pessoal. E por estranho que pareça é provável que todas as outras pessoas presentes tenham tido uma experiência quase idêntica à minha.

O que estávamos fazendo, todas essas mil pessoas reunidas, era meditando.

A maioria das pessoas jamais praticou meditação, muito menos no salão de baile superlotado de um hotel de Nova York. Mas é muito provável que o leitor já tenha passado por uma experiência semelhante. Talvez durante um período de devoção silenciosa em algum local de veneração. Ou durante alguma cerimônia em que o orador pediu um minuto de silêncio em homenagem a um amigo morto.

Existe uma grande diferença, no entanto, entre esse tipo do coisa e a verdadeira meditação. A diferença mais notável e mais óbvia é que após mais ou menos sessenta segundos o salão de baile superlotado ficou completamente — absolutamente — silencioso. Ninguém arrastava os pés. Ninguém pigarreava. Não se ouviam tosses nervosas ou sussurros.

Era uma coisa simplesmente misteriosa. Em minha carreira jornalística estive em muitos lugares onde, por um motivo ou por outro, se pediu um momento de silêncio; mas pensando bem, jamais havia experimentado um silêncio *completo*. Há sempre uma pessoa que acaba tossindo ou pigarreando, o que faz com que outras comecem também a tossir, suspirar ou mudar de posição em suas cadeiras. Isto nos levaria a acreditar que um silêncio absoluto entre um grupo grande de pessoas é fisicamente impossível. São muitos os impulsos nervosos, movimentos, coceiras e espasmos para permitir uma calma e uma tranqüilidade perfeitas.

Mas isto não é impossível. Eu tive essa experiência. Isto significa que grande parte da inquietação e dos hábitos nervosos que todos nós desenvolvemos como meios de escapar da tensão *também* são desnecessários.

Mais importante ainda: a própria tensão é desnecessária.

Meditamos por cerca de cinco minutos e quando acabamos todos pareciam sorrir com uma espécie de euforia. Todos nos sentíamos revigorados de uma maneira profunda e de certo modo estranha. Mas o relaxamento e o revigoramento no sentido normal da palavra é apenas o começo do que a meditação pode fazer por você. O Dr. Herbert Benson, da Harvard Medical School e diretor do Departamento de Hipertensão do Beth Israel Hospital, de Boston, demonstrou por meio de estudos clínicos que a prática da meditação por dez a vinte minutos duas vezes por dia pode produzir uma notável melhora na saúde e no bem-estar geral e, mais especificamente, na redução da pressão sangüínea alta.

O Dr. Benson foi o nosso instrutor no exercício de meditação em massa acima descrito; o melhor de tudo é que ele conseguiu explicar suas instruções em aproximadamente um minuto.

Antes de transmitir a técnica do Dr. Benson para provocar o que ele chama "Resposta de Relaxamento" gostaria de lembrar que "meditação" neste contexto não significa o que a maioria de nós pensa que a palavra significa. Na verdade, ela não significa pensamentos profundos sobre a natureza do universo ou coisas do tipo. Ela significa pensar em nada, em absolutamente nada.

Impossível? Você tem razão. Os mais diversos pensamentos ocupam a nossa cabeça, não importa o que estamos fazendo, mas a meditação não exige uma liberdade total de pensamentos estranhos. A idéia é simplesmente impedir a *continuidade* do pensamento; isto é, concentrar-se numa determinada idéia e analisar suas implicações.

Como relaxar de verdade

O leitor gostaria de tentar relaxar e meditar?

É muito simples. Antes de mais nada, procure um local tranqüilo e sente numa cadeira confortável. Procure se acomodar de maneira a ficar o mais relaxado possível. Isto provavelmente significa inclinar-se um pouco para a frente, apoiando as mãos nas coxas e mantendo os pés esticados no chão, em frente aos joelhos. (Algumas dessas sugestões são minhas, não do Dr. Benson.)

Feche os olhos. Agora relaxe conscientemente todos os músculos do corpo, começando com os pés. Procure relaxar as pernas, o estômago, o tórax, os braços, o pescoço e até mesmo o seu rosto, maxilar e boca. Quando os músculos do maxilar estiverem realmente relaxados, os seus dentes de baixo provavelmente não estarão tocando nos de cima.

Respire pelo nariz e faça o ar chegar à barriga, que deverá estar subindo e descendo. Procure conscientizar a sua respiração, mas não faça esforço para respirar com força. Isto não é necessário. Respire de maneira normal e natural.

Agora, enquanto expira, diga a palavra "um" para você mesmo, Inspire. Expire e novamente repita a palavra "um".

Mantenha os músculos do corpo relaxados e continue respirando ritmicamente, inspirando e expirando; repetindo a palavra "um" cada vez que expirar.

Prossiga por uns dez a vinte minutos. Quando terminar, permaneça sentado quieto por algum tempo e abra gradativamente os olhos.

Como disse, é muito natural que os mais diversos pensamentos ocupem a sua cabeça. Não se preocupe, pois eles não irão comprometer a sua "Resposta de Relaxamento". Simplesmente deixe o pensamento sair da sua cabeça. Se ele voltar dali a pouco, não se preocupe nem procure lutar contra ele. Continue repetindo a palavra "um", respirando de maneira natural e rítmica e mantenha os músculos relaxados.

Ao fim da meditação, você irá sentir que o seu "lado inativo" foi utilizado. Assim como acontece com um carro, você talvez não consiga perceber que o seu motor está acelerado até que sua velocidade seja reduzida. Você pode sentir que a *energia* continua existindo, pronta para ser usada, mas agora existe menos ruído, menos agitação e menos fumaça. Você percebe de repente que o que você havia se habituado a aceitar como normal, na verdade não é normal, que a tensão estava perturbando os órgãos mais vitais do seu corpo assim como o motor do carro de corrida danifica os cilindros.

Na verdade, eu já havia experimentado a meditação antes de comparecer ao simpósio do Dr. Benson. Eu tinha lido o seu livro *The Relaxation Response* (William Morrow and Co., Nova York, 1975) e minha primeira meditação completa ocorrera no ônibus que me levava até Nova York, para o simpósio. Estava anoitecendo, essa é uma das horas mais difíceis do dia do ponto de vista do cansaço, fome e irritabilidade; mas fiquei estarrecido ao perceber como me senti feliz, relaxado e contente durante e após essa primeira meditação.

Como a sua pressão sangüínea pode se beneficiar da meditação

Na qualidade de especialista em hipertensão, o Dr. Benson naturalmente se interessa mais do que qualquer outra coisa pelo que a "Resposta de Relaxamento" pode fazer por pessoas com pressão sangüínea alta. Ele adverte que pacientes hipertensos não devem abandonar subitamente seus medicamentos na esperança de que a "Resposta de Relaxamento" vá resolver todo o problema. Na verdade, todos os pacientes que participaram do estudo do Dr. Benson tomaram a medicação reguladora da pressão sangüínea durante toda sua duração. O que a meditação conseguiu foi aumentar o benefício proporcionado pela medicação; e essa melhora foi significativa.

Em uma série de experiências, o Dr. Benson selecionou 36 voluntários, que continuaram tomando sua medicação original durante todo o estudo. Antes de praticarem a "Resposta de Relaxamento", eles tinham uma pressão sangüínea sistólica média (a cifra mais alta) de 14,6. A pressão sangüínea diastólica média era 9,35. Em média, os 36 voluntários tinham uma pressão sangüínea que podia ser expressa como 14,6 por 9,35.

Após várias semanas de prática regular da "Resposta de Relaxamento", como já descrevemos, a pressão sangüínea média caiu para 13,7 por 8,89.

Isto significa que a pressão sangüínea média caiu do limite mais alto para o normal. As medições foram feitas *antes* de cada meditação, de maneira que o efeito residual também era verificado, e não apenas a melhora momentânea.

Mas de maneira alguma essas pessoas foram "curadas" de sua pressão sangüínea alta. As leituras permaneciam baixas desde que elas praticassem regularmente a "Resposta de Relaxamento". Quando vários voluntários deixaram de praticar a meditação, suas pressões sangüíneas retornaram dentro de um mês aos níveis hipertensos iniciais.

Assim o Dr. Benson coloca a "Resposta de Relaxamento" em perspectiva: "A terapia médica padrão implica tomar drogas anti-hipertensivas, que muitas vezes age interrompendo a atividade do sistema nervoso simpático, reduzindo assim a pressão sangüínea. O método farmacológico de reduzir a pressão sangüínea é muito eficaz e extremamente importante, pois... uma menor pressão sangüínea significa um menor risco de desenvolvimento da arteriosclerose e doenças relacionadas com ataques cardíacos e derrames. A prática regular da 'Resposta de Relaxamento' é outra maneira de reduzir a pressão sangüínea. Aparentemente, esta resposta afeta os mesmos mecanismos e reduz a pressão sangüínea pelos mesmos meios de outras drogas anti-hipertensivas. Ambas contrabalançam a atividade do sistema nervoso simpático. É pouco provável que somente o da 'Resposta de Relaxamento' em si constitua uma terapia adequada para a pressão sangüínea severa ou moderadamente alta. Provavelmente, ela acentuaria a redução da pressão sangüínea juntamente com drogas anti-hipertensivas levando assim ao uso de uma menor quantidade de drogas ou a dosagens menores."

Outro efeito da meditação, pelo menos durante o tempo que ela dura, é reduzir a necessidade pelo sangue de oxigênio, o combustível metabólico básico. Mesmo assim, a quantidade de oxigênio no sangue não é reduzida, mostrando que o seu organismo não está parando. Ele está apenas se tornando mais eficiente. Um motor melhor.

Talvez você esteja mais interessado simplesmente em dormir e não em esfriar o circuito do seu sistema nervoso simpático. Embora a "Resposta de Relaxamento" e outras técnicas de meditação semelhantes não tenham o objetivo de fazer você dormir, elas podem produzir este efeito se você praticá-las quando estiver deitado na cama. O Dr. Benson nos afirmou que ele próprio usa a técnica para dormir, embora diga que ela não pode ser chamada a "Resposta de Relaxamento". O Dr. Benson acrescenta que ela também "funciona maravilhosamente" quando você tem problemas de voltar a dormir depois de ter acordado no meio da noite.

Dois tipos de meditação

A meditação transcendental, da qual provavelmente você já ouviu falar, é virtualmente idêntica à técnica do Dr. Benson, com a diferença de alguns detalhes. De fato, os pacientes com pressão sangüínea de que falamos estavam praticando mais a meditação transcendental sob a orientação do Dr. Benson do que propriamente a "Resposta de Relaxamento", que ele desenvolveu posteriormente como uma abordagem mais simples.

A pergunta inevitável é: qual das duas técnicas é a melhor?

Algumas pessoas ficam muito contrariadas com a questão. Um ou dois médicos presentes ao encontro de Nova York classificam a meditação transcendental como uma exploração, pois as pessoas pagam 125 dólares apenas para receber simples instruções. O resto, dizem elas, é uma mistura de religião, filosofia e tradições de *yôga* que nada tem a ver com um relaxamento eficaz e bem-sucedido. Por outro lado, os seguidores da meditação transcendental muitas vezes criticam as variações da sua técnica, afirmando que seu método tem sido comprovado através dos anos e não deve ser alterado.

O Dr. Benson recusa-se a participar desta luta. Como ele disse uma vez, se você acha que a meditação transcendental é o melhor para você e que as reuniões de que você participa lhe fazem bem, ótimo. Mas se você deseja fazer meditação após ler as instruções num pedaço de papel, muito bem! E se você prefere dizer "Ave Maria" em vez da palavra "um", tudo bem. Um homem muito maleável, este Dr. Benson.

Para sabermos que diferenças podem existir entre a meditação transcendental e a "Resposta de Relaxamento", conversamos com um colega que entrou há alguns meses para o programa de meditação transcendental e que desde então vem meditando duas vezes por dia, sem exceção.

Uma diferença óbvia é que na meditação transcendental cada pessoa recebe uma palavra ou uma frase especial que deve ser repetida e não apenas a palavra "um". Esta frase é chamada um *mantra* e deve ser mantida em segredo. E sua repetição não está diretamente relacionada ao ritmo da respiração. Além desta, não parece haver qualquer outra diferença entre as duas técnicas.

Esse conhecido que resolveu entrar no programa de meditação transcendental disse que andava muito tenso e queria aprender a relaxar. Será que o programa deu resultado?

Uma pessoa mais calma e mais feliz

"A princípio, durante mais ou menos uma semana, tive aqueles maravilhosos sentimentos subjetivos em relação à meditação", disse ele. "Depois de algum tempo, a euforia parecia ter desaparecido, mas ocorreram alterações muito evidentes. As coisas já não pareciam me incomodar tanto. Os problemas emocionais pareciam se resolver muito mais rapidamente ou então simplesmente não ocorriam mais. Eu também dormia melhor." E no trabalho, você sentiu alguma mudança?

"Embora isto possa parecer engraçado, me sinto muito mais feliz no meu trabalho. Eu não esperava que isso pudesse acontecer, muito embora me dissessem que isso iria acontecer. Parece que a meditação transcendental aumenta a sua satisfação no trabalho, a menos que o seu trabalho seja realmente pavoroso. Neste caso, ela talvez lhe dê confiança para procurar outro emprego."

Perguntamos em que hora do dia ele preferia meditar. "Não gosto de meditar de manhã cedo, pois ainda estou muito grogue. Primeiro faço a barba e tomo um banho e em seguida pratico a meditação por vinte minutos. Após o trabalho — mas antes do jantar — medito novamente. Você não deve meditar após uma refeição."

"Uma vez", disse ele, "eu consegui meditar enquanto esperava um avião num terminal do aeroporto". E numas férias recentes em que corria de um lugar para outro sem parar, ele descobriu que alguns minutos de meditação conseguiam restaurar sua energia de maneira notável.

Pessoalmente, acho que a meditação é um maravilhoso investimento. Admito que não pratico regularmente a meditação, mas, por outro lado, acredito que um minuto ou dois de meditação num momento especialmente extenuante pode ser extremamente revitalizador, uma bênção.

Uma vez que você aprenda a técnica, você pode conseguir um estado de grande relaxamento, quando quiser, apenas com a respiração correta, assim como se estivesse apertando um botão.

A "Resposta de Relaxamento" não é uma coisa que você deve usar quando está com um problema. Não tente usá-la como uma muleta. Procure usá-la para relaxar e você irá descobrir que esses momentos de grande tensão emocional ficam muito mais fáceis de lidar.

(In: *Cura Natural - Os Métodos Seguros, Simples e Baratos para Manter a Saúde*, Mark Bricklin, Círculo do Livro, São Paulo, 1983.)

> *Todas as noites antes de te deitares, considera as ações que praticaste durante o dia e diz a ti mesmo: que é que diriam meu pai e minha mãe de minhas ações?*

Setembrini

A ARTE DE VIVER

Meditação não é concentração

Bhagwan Shree Rajneesh

Meditação não é concentração. Na concentração, há alguém se concentrando e um objeto sobre o qual se concentra. Há uma dualidade. Na meditação, não há ninguém dentro e nada fora. Ela não é uma concentração. Não há divisão entre o interior e o exterior. O interior flui para fora e o exterior para dentro. A demarcação, o limite as fronteiras não existem mais. O que está dentro, está fora; e o que está fora, está dentro. É uma consciência não-dual.

A concentração é uma consciência dual: é por isso que cansa; é por isso que, ao se concentrar, você se sente exausto. É impossível concentrar-se por vinte e quatro horas; se o fizer, terá de tirar férias para descansar. A concentração não pode tornar-se sua natureza nunca.

A meditação não cansa, não o deixa exausto. Pode ser feita por vinte e quatro horas, por dias, por anos. Pode ser eterna; é um relaxamento em si mesma.

A concentração é um ato, um ato voluntário. A meditação é um estado involuntário, um estado de inação. É um relaxamento, um simples abandonar-se no próprio ser, o qual é o mesmo ser do Todo. Na concentração, a mente funciona a partir de uma resolução: você está fazendo alguma coisa. A concentração vem do passado. Na meditação, não há nenhuma resolução por trás. Você não está fazendo nada em particular, está simplesmente sendo. A meditação não tem passado, não está contaminada pelo passado. Não tem futuro, está limpa de qualquer futuro. É o que Lao Tzu chama de *wei-wu-wei*, ação através da não-ação.

É o que os mestres Zen têm dito: sentando-se em silêncio, sem fazer nada, a primavera vem e a grama cresce por si mesma. Lembre-se: "por si mesma" — nada é feito. Você não puxa a grama para cima; a primavera vem e a grama cresce por si mesma. Esse estado — no qual você permite que a vida siga seu próprio caminho, sem querer dirigi-la, sem querer controlá-la, sem a manipular, sem lhe impor nenhuma disciplina — esse estado de pura e indisciplinada espontaneidade é meditação.

A meditação está no presente, no puro presente. A meditação é imediata. Você não pode meditar, mas pode estar em meditação. Você não pode estar em concentração, mas pode se concentrar. A concentração é humana; a meditação é divina.

(In: *O Livro Orange,* Bhagwan Shree Rajneesh, Soma Arte e Edições, São Paulo, 1982.)

A ARTE DE VIVER

PITÁGORAS - Filósofo, astrônomo, matemático, nascido em Samos (ilha do mar Egeu). Foi o primeiro a afirmar que a Terra era esférica e o primeiro a descobrir a relação entre o cumprimento das cordas musicais e a altura do som. Como matemático se especializou na ciência dos números. Criou um teorema que recebeu seu nome. Fundou uma Escola iniciática que deu origem ao pitagorismo. (582 a.C. - 497 a.C.)

❝

Para meditar com proveito é preciso, na verdade, que a atenção não seja dispensada pelo ruído e pela agitação. A voz da sabedoria só pode ser ouvida na calma e no recolhimento.

❞

A ARTE DE VIVER

Meditação

Reader's Digest

Quando a vida nos traz problemas que temos de resolver com urgência, decisões difíceis que não podem esperar, e mudanças que vêm alterar hábitos já estabelecidos, sentimo-nos por vezes incapazes de agüentar mais, perdemos a confiança em nós mesmos e sentimos TENSÃO e ANSIEDADE. Tanto uma como a outra podem persistir depois de ultrapassada a situação que lhes deu origem, tirando-nos a energia, permitindo o aparecimento da INSÔNIA, aumentando a PRESSÃO ARTERIAL entre outros distúrbios físicos. Milhares de pessoas consultam os seus médicos para obter algum alívio, e eles receitam tranqüilizantes, soníferos e antidepressivos.

A meditação também é uma via de libertação das preocupações e tensões, um modo de alcançar, sem drogas, um estado de tranqüilidade que refresca a mente e descontrai o corpo. É uma pausa que pode ser feita tantas vezes quantas se desejar e que se destina a recuperar a força de vontade e a capacidade de controlar a vida. Ficar simplesmente olhando para o nada ou sonhar acordado sonhos agradáveis durante um curto espaço de tempo, ajudam a pessoa a sentir-se melhor e devolvem o ânimo para se prosseguir vivendo.

A meditação é praticada há milhares de anos na Índia e em quase toda a Ásia como um meio de atingir uma fase de esclarecimento espiritual. O *yôga* nasceu da meditação. Há muito tempo que, no Ocidente, pequenos grupos de pessoas, principalmente pessoas interessadas no budismo, praticam a meditação. Mas a meditação conheceu grande divulgação a partir dos anos 60, quando a música e a cultura orientais atraíram os músicos *pop* e multidões de jovens em busca de uma nova perspectiva da vida.

O *maharishi* Mahesh Yogi foi o professor de meditação mais conhecido, e os seus MANTRAS para a meditação transcendental atraíram seguidores devotos — o que era raro, pois a associação da meditação com as religiões orientais ou excêntricas, e designações como "transcendental", que sugere erroneamente poderes sobrenaturais, tendiam a afastar a maioria dos ocidentais.

Membros de várias ordens religiosas cristãs praticavam, e ainda praticam, contudo, formas de meditação — pode-se, por exemplo, considerar que os retiros dos jesuítas e os exercícios espirituais do seu fundador, Santo Inácio de Loiola, contêm elementos de técnicas de meditação.

A meditação é encarada pelos seus praticantes como um grande e eficaz método de auto-ajuda. Recorrendo apenas aos nossos próprios poderes de concentração, conseguimos controlar os pensamentos e acalmar e desacelerar o corpo. Não se pretende dizer com isso que o procedimento seja fácil. Interromper o fluxo de pensamentos que se atropelam uns aos outros e afastar as preocupações poderão revelar-se difíceis, a princípio, mas os praticantes dessa técnica propõem procedimentos simples que dizem ajudar a maioria das pessoas a atingir um estado de meditação de total relaxamento, mas autocontrolado.

Para quem é útil

A meditação requer concentração, persistência e tempo — entre 10 a 20 minutos por dia. A maioria das pessoas consegue aprender a meditar sem grande dificuldade. Embora alguns benefícios — como desaceleração do pulso e redução da pressão arterial — possam ocorrer imediatamente, os benefícios a longo prazo exigem uma prática regular, que para algumas pessoas pode ser difícil.

Um dos grupos que mais se beneficia é o grande grupo dos que têm pressão alta, pois muitos conseguem reduzir ou até suspender os medicamentos que lhes eram receitados. As reações exageradas do corpo ao estresse cotidiano diminuem, e a pressão arterial mantém-se baixa desde que se continue a praticar a meditação, principalmente associada a técnicas de RESPIRAÇÃO E RELAXAMENTO.

Os aparelhos que registram os impulsos elétricos emitidos pelos músculos revelam que a tensão muscular diminui até quase se anular durante a meditação. Consegue-se assim aliviar dores e incômodos crônicos resultantes de lesões — pois a contração muscular provoca ou agrava muitas dores.

Concluiu-se que a circulação melhora durante a meditação, por isso essa técnica poderá ser benéfica cm casos de FRIEIRAS ou doenças graves, como a DOENÇA DE RAYNAUD. Pode igualmente aliviar dores de CABEÇA produzidas por tensão, em que a quantidade de sangue enviada para o cérebro é alterada.

A respiração mais lenta e profunda e a redução da velocidade de consumo de oxigênio que ocorrem durante a meditação são benéficas para pessoas com problemas no tórax. Aliadas ao relaxamento dos músculos, tornam-se especialmente benéficas para os asmáticos.

A dor, as dificuldades de respiração, a tensão e os pensamentos que se atropelam sem controle são causas freqüentes da insônia. A monitorização do padrão da atividade elétrica do cérebro feita por eletroencefalograma revelou que a atividade cerebral durante a meditação é semelhante à existente durante o sono.

A meditação relaxa as pessoas, permitindo-lhes adormecer, e quebra o padrão da insônia, que é particularmente difícil de alterar. As pessoas que sofrem de insônia e fazem meditação não irão necessariamente dormir mais, porque a necessidade de "desligar" será parcialmente satisfeita pelo próprio estado meditativo, mas serão, no entanto, capazes de adormecer e de descansar convenientemente durante o período de sono.

Como encontrar um professor

As técnicas de meditação tradicionais, destinadas a esvaziar a mente com o intuito de permitir à consciência expandir-se e atingir um nível mais elevado de realidade, requerem programas formais de ensino. Na meditação transcendental, utiliza-se uma postura especial e um mantra (frase ou som repetidos inúmeras vezes), com a ajuda de um professor para orientar e supervisionar. As pessoas nas quais as culturas ocidentais estão muito enraizadas têm muitas vezes dificuldade em aceitar essa técnica e, certamente, se darão melhor com métodos mais simples.

Algumas pessoas não conseguem começar a meditar sozinhas e preferem juntar-se a um grupo, no qual podem pedir conselhos e praticar as técnicas sugeridas.

Como se deve meditar

Quer você decida meditar sozinho, quer em grupo, o procedimento será semelhante. Os detalhes podem variar, mas as regras básicas são as mesmas.

Se possível, não coma nem beba meia hora antes de meditar. Escolha um quarto calmo, onde não possa ser interrompido. Algumas pessoas deitam-se e fecham os olhos, mas muitos professores dizem que se deve ficar confortavelmente sentado, mas com as costas retas, com os olhos abertos e as mãos repousando no colo. Deste modo, você poderá relaxar, permanecendo alerta e sob controle. Deitado com os olhos fechados, o espírito pode começar a vagar ou você pode adormecer.

O objetivo é não deixar que os pensamentos que o preocupam ou estimulam ocupem sua mente. Isso será mais fácil se você conseguir ocupar a mente com um pensamento neutro ou agradável, mas tranquilo. Em alguns métodos, a respiração torna-se o foco, tomando-se consciência do ar entrando pelas narinas, descendo até encher completamente os pulmões e sendo expirado lentamente. Concentre-se em fazer descer o diafragma e em expandir o abdome (e não o tórax) enquanto inspira. Conte enquanto inspira e expira, demorando tanto tempo para expirar quanto para inspirar, e certifique-se de que joga todo o ar fora.

Quando esse padrão de respiração se torna automático, você poderá perceber que alguns pensamentos não desejados estão invadindo sua mente. Concentre-se então em relaxar todas as áreas do corpo. Em uma inspiração, pense se não está franzindo a testa, na seguinte, se não está cerrando os dentes, depois, se os ombros, cotovelos, joelhos, barrigas das pernas e pés estão descontraídos.

Se os pensamentos continuarem a fluir, não os siga. Limite-se a reconhecer que eles estão lá e depois volte a concentrar-se no foco escolhido. Quando você conseguir seguir facilmente o padrão de respiração e relaxamento, poderá escolher concentrar-se em um objeto, um enfeite da casa, ou uma fotografia de um lugar tranqüilo cujos cheiros, sons e ar você consegue sentir à sua volta.

Ouvir música suave pode ajudá-lo a atingir o estado meditativo. Você encontrará fitas especiais para meditação em lojas especializadas ou poderá gravar as suas próprias fitas.

Fique meditando durante 10 minutos ou mais. Quando adquirir prática, você poderá atingir o estado meditativo em praticamente qualquer lugar — no ônibus a caminho do trabalho, entre duas tarefas, ou durante o intervalo para o almoço. No final da meditação, movimente-se um pouco e exercite suavemente os músculos durante 1 ou 2 minutos antes de se levantar, pois você poderá sentir tonturas provocadas pela queda da pressão arterial.

É evidente que não se deve praticar a meditação enquanto estamos dirigindo ou utilizando ferramentas. Mas em outras circunstâncias, a meditação não representa qualquer perigo e é uma maneira útil de melhorar o bem-estar, quer você esteja ou não sendo submetido a qualquer outro tipo de tratamento.

O que dizem os médicos

A chave para a meditação reside muito provavelmente na capacidade de concentração em apenas uma coisa de cada vez, e não na miríade de coisas em que normalmente nos concentramos. Reduzir o fluxo de informações e sensações que captamos reduz as respostas mentais que temos de dar.

Algumas pesquisas realizadas revelam que a respiração, a atividade cerebral, a pressão arterial, a freqüência cardíaca e a pulsação são afetadas pela meditação. A sensação de calma e descanso que proporciona deve não só aliviar os problemas atuais, mas também melhorar a capacidade de lidar física e mentalmente com as atividades ou problemas futuros.

(In: *Dicionário de Medicina Natural*, Reader's Digest, Rio de Janeiro, 1997.)

A ARTE DE VIVER

MAHATMA GANDHI - Líder político e espiritual da Índia cuja sabedoria e postura humanista tornaram-no conhecido no mundo inteiro. Através da filosofia da não-violência, libertou a Índia do colonialismo britânico. Nasceu em Porbandar (Estado de Kathiavar), no norte da Índia. Estudou Direito em Londres. Escreveu mais de duas centenas de livros sobre religião, saúde e política. Sua obra mais conhecida é a autobiografia *Minha Vida e Minhas Experiências com a Verdade*. Por razões políticas foi assassinado em 1948, em Nova Délhi. (1869 - 1948)

> Antes que o homem possa ouvir a Voz interna, tem de passar por um longo e árduo tirocínio de aprendizagem: e, quando a Voz fala, desaparece qualquer dúvida.

A ARTE DE VIVER

A mecânica da meditação transcendental

Dr. Harold H. Bloomfield

A MT não é uma idéia ou uma teoria, mas, antes, uma prática específica. Embora este trecho dê um sentido do funcionamento da técnica, é essencial compreender, desde o início, que a MT não pode ser aprendida com este livro. A iniciação à MT exige instrução pessoal, um professor preparado em MT.

Para explicar como funciona a MT, é útil começar com uma analogia. Maharishi descreve a mente como semelhante a um oceano, com movimentos de ondas na superfície, mas intensa quietude nas profundidades. Atividades conscientes — pensamentos, emoções, percepções — são parecidas com as ondas na superfície do oceano; as silenciosas profundidades da mente são semelhantes às silenciosas profundidades do oceano. Exatamente como as correntes silenciosas são subjacentes a todas as ondas da superfície do oceano, as silenciosas profundidades da mente sustentam toda a nossa atividade mental consciente.

Para descrever a relação entre as partes silenciosas e ativas da mente, Maharishi inclui outro elemento nessa comparação da mente com o oceano. Ele declara que o pensamento origina-se nas mais tranqüilas profundidades da mente, como uma bolha de espuma poderia elevar-se do fundo absolutamente silencioso do oceano. Comprimida pela grande pressão no fundo do oceano, a bolha apareceria quase imperceptivelmente, mas aumentaria de tamanho, ao se elevar em direção à superfície. Do mesmo modo, um impulso de pensamento origina-se nas regiões silenciosas da mente, sem que notemos sua presença, até desenvolver-se e se tornar uma clara e distinta experiência.

Embora essa analogia possa parecer demasiadamente simples para descrever com exatidão o processo do pensamento, seus elementos básicos têm uma espantosa correspondência com as descrições psicológicas e fisiológicas do processo do pensamento. Os psicanalistas referem-se à "elaboração pré-consciente" para explicar o que acontece ao pensamento, entre o início de seu surgimento na mente e seu aparecimento final, como experiência consciente.

O cientista-escritor Dean Woolridge conclui de modo parecido uma descrição da fisiologia desse processo:

> Estamos conscientes de nossos... pensamentos, mas não de como chegam a surgir. Tal atividade inconsciente parece estender-se ao complexo pensamento lógico — de que outro modo poderíamos explicar o repentino esclarecimento ou solução para um problema difícil, que algumas vezes nos chega quando menos esperamos? Mesmo quando nos parece que nossos processos conscientes são completamente responsáveis pelas nossas atividades mentais, podemos estar equivocados; o verdadeiro trabalho do cérebro pode ser aquele que está acontecendo

silenciosamente, nos bastidores.

Maharishi descreve o processo, em detalhes:

> Um pensamento começa no nível mais profundo da consciência e se eleva através de toda a profundidade da mente até, finalmente, aparecer como pensamento consciente, na superfície. Assim, descobrimos que todo pensamento agita toda a amplitude e a profundidade da consciência, mas só é conscientemente apreciado quando alcança o nível consciente; todos os seus estados anteriores de desenvolvimento não são apreciados. Daí dizermos, para todas as finalidades práticas, que os níveis mais profundos do oceano da consciência são silenciosos.

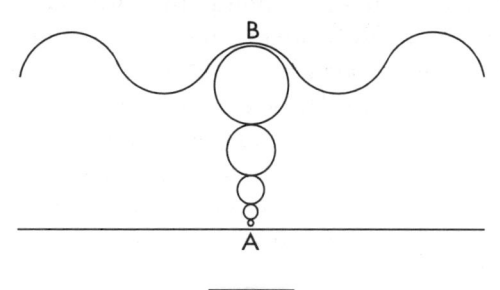

A figura A representa graficamente a teoria básica da mente na qual se baseia a técnica da MT. O pensamento, representado por uma bolha, eleva-se na mente, representada por um oceano, desde a parte mais profunda da mente, o ponto A. Na ocasião em que o pensamento emerge na superfície da mente, ao nível B, ele já se desenvolveu suficientemente para ser apreciado como um pensamento. Chamamos o nível B de mente consciente, porque lá observamos o pensamento. Podemos chamar o nível A de fonte do pensamento, porque os pensamentos originam-se nessa grande profundeza, dentro da mente.

Usando a comparação da mente com um oceano, podemos prontamente explicar a mecânica da MT. O processo da MT consiste, simplesmente, em deixar a atenção da pessoa desviar-se da superfície ativa da mente para suas silenciosas profundezas, onde começa o pensamento. Embora o próprio processo de pensar geralmente estimule a mente a uma atividade crescente, a MT emprega o processo de pensar para diminuir a atividade mental. A chave para a eficácia da MT na minimização da atividade mental reside na capacidade da técnica para desviar de novo, espontaneamente, a atenção da mente, de seu envolvimento com o pensamento plenamente desenvolvido, para uma focalização em níveis de pensamento cada vez menos elaborados. O processo de voltar a atenção para dentro, para o pensamento cada vez mais tranqüilo, é tão fácil que Maharishi compara a MT a mergulhar. Justamente como mergulhar num oceano requer apenas que a pessoa se coloque num ângulo adequado e, depois, se lance, a MT exige somente um meio de orientar a mente para experimentar níveis mais tranqüilos de pensamento, e aceitar a experiência como ela se apresenta.

Uma vez dada a volta para dentro, através da MT, a atenção desloca-se para o pensamento cada vez menos desenvolvido, motivada pela sua tendência natural para voltar-se em direção às experiências cada vez mais satisfatórias. A tendência da mente para movimentar-se na direção das experiências com encanto crescente opera em toda a atividade mental. Por exemplo, enquanto você lê esta página há inúmeros estímulos bombardeando seus sentidos. Você, provavelmente, estava totalmente inconsciente dessas ocorrências, devido ao enriquecimento maior encontrado na leitura. Se, no entanto, paralelamente a este livro, e a quaisquer outros estímulos presentes, você também estivesse exposto à sua peça musical favorita, seria difícil continuar a ler atentamente. Sua atenção seria, naturalmente, atraída pelo prazer de ouvir a música. A MT aplica esta tendência natural da mente para alcançar uma grande tranqüilização da atividade mental, sem qualquer esforço.

Nossas comparações anteriores da mente com um oceano sugerem uma representação esquemática de como a tendência natural da atenção, de deslocar-se para a felicidade, opera na MT. Como o barco navega de uma onda para outra, no oceano, a atenção de um indivíduo, normalmente, vagueia de um objeto de experiência para outro, sempre permanecendo na superfície da mente. A figura B representa uma experiência normal da mente em alerta, movimentando-se da percepção da lua para o prazer afetivo dessa visão, até uma idéia de fotografá-la.

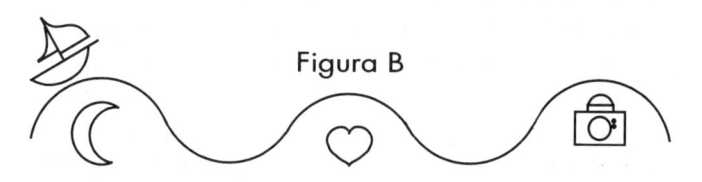

Figura B

Já a figura C, na página seguinte, representa a atenção voltando-se para dentro durante o processo da MT. Em vez de permanecer na superfície da mente, a pessoa que pratica a MT começa a experimentar etapas de pensamento cada vez mais tranqüilas

Figura C

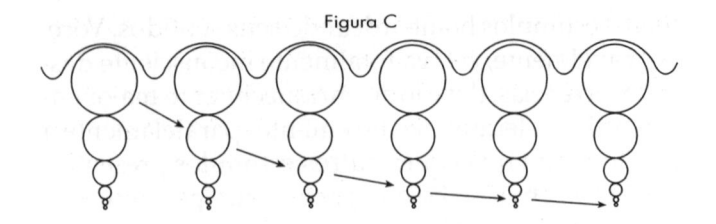

e menos distintas, mas com encanto crescente.

Para que ocorra este processo de experimentação de níveis tranqüilos da atividade mental durante a MT, a mente precisa ser, primeiro, suavemente desligada da atividade mental que normalmente a mantém envolvida por completo com pensamentos plenamente desenvolvidos. Entretanto, embora a mente deva ser liberada de sua atividade superficial, precisa ser mantida ativa, a fim de se evitar, simplesmente, adormecer.

A técnica da MT consiste em fazer a atenção voltar-se para dentro, através do recurso de se pensar, sossegadamente, numa coisa só. Deste modo, a mente permanece ativa, mas é deixada sem comando. De maneira natural, a atenção começa a procurar a crescente satisfação encontrável em níveis mais tranqüilos da mente. Finalmente, a percepção assenta-se por completo, transcendendo inteiramente o pensamento, sem esforço, para ganhar o estado de pura percepção.

Teoricamente, deveria ser possível iniciar o processo da MT através da experiência repetida de qualquer pensamento, emoção, sensação ou percepção. Entretanto, o pensamento, em contraposição a outras experiências possíveis, constitui o veículo ideal para facilitar o desvio da atenção para a interioridade. O pensamento é mais eficaz por ser o aspecto mais íntimo e autônomo da experiência subjetiva. Mas qual é a natureza do pensamento? Estudos sobre a memória e a atenção mostraram que grande parte da atividade de pensar de uma pessoa, mesmo quando lidando com informações visuais rememorativas, reduz-se a repetir mentalmente os sons de várias palavras. George Sperling, psicólogo de Harvard, argumentou que tal "ensaio subvocal" é o mecanismo básico através do qual a consciência dirige a percepção para seus objetos. O reconhecimento, pela psicologia moderna, da importância do pensamento como som subvocalizado imita muitas tradições antigas, segundo as quais o som, especialmente no nível sutil do pensamento, é um poderoso veículo para influenciar a consciência.

O som, como é tomado em consideração no pensamento, proporciona um veículo altamente eficaz para desligar a mente do processo de pensamento cotidiano, e para voltar a atenção na direção de atividade mental cada vez mais tranqüila. Os pensamentos-sons usados na MT são chamados mantras. Mantra é um termo sânscrito que designa "um pensamento cujos efeitos são conhecidos", não no nível do significado — na verdade, os mantras ensinados para uso na MT não têm nenhum significado denotativo —, mas em nível do efeito vibratório, análogo à qualidade do som. Os mantras são escolhidos especialmente para cada indivíduo que recebe instrução em MT. Uma vez aprendido, o mantra é confidencial, e usado só com uma finalidade, a de efetuar o processo espontâneo de redução da atividade mental, durante a prática da MT.

Devido ao fato de que a MT permite ao meditador experimentar níveis tranqüilos da mente, onde a influência de cada pensamento é especialmente profunda, a escolha do mantra correto para cada indivíduo é de importância crucial: Maharishi e os milhares de professores da MT confiam numa tradição antiga, segundo a qual muitas gerações sondaram, em sua plenitude, a profundeza da mente. Esta tradição fornece um procedimento sistemático para a escolha dos sons mais adequados para cada indivíduo usar na MT. Tal procedimento é mantido desde cinco mil anos antes de cristo, ou antes, no tempo dos mais antigos ensinamentos da humanidade, os dos vedas.

O aprendizado da MT consiste não só em aprender o mantra certo, mas também como usá-lo corretamente. Para garantir a correção de todos os aspectos desses princípios básicos, é necessária instrução pessoal na técnica, ministrada por um professor qualificado. A técnica não pode ser aprendida de segunda mão, através de um livro ou por outro meditador. É preciso preparação extensa para qualificar um professor a guiar um noviço, através de todas as variações possíveis da experiência pessoal. Tampouco é viável escolher um mantra adequado para si mesmo, por acaso, através da consulta de textos clássicos, ou pela intuição. O que parece ser um mantra apropriado, no nível superficial de compreensão intelectual, pode, infelizmente, acabar tendo efeitos inadequados.

Por exemplo, o popular mantra *Om* foi descrito como "som universal", tendo bons efeitos para qualquer um que o salmodie alto, ou o empregue interiormente. Muitas pessoas que usaram *Om* relataram, entretanto, que seus efeitos eram reclusivos, ou anti-sociais, em contraste com os resultados dinâmicos e positivos da MT. Este relato, de um indivíduo de 28 anos, é típico:

> Eu estava empregando outras técnicas, principalmente a meditação com *Om*, que criou um estado de espírito agradável. Enquanto a estava praticando, eu ficava em ótimo estado de espírito, mas se saísse de meu quarto ou tivesse de lidar com coisas simplesmente cotidianas, estava absolutamente incapacitado. Depois de seis meses, senti um incrível conflito, cheguei no ponto em que não podia fazer nada, estava tão dividido. Depois que comecei com a MT, todo dia tornei-me cada vez mais animado. Alcancei a transcendência imediatamente e tive muitas visões da pura percepção. Estava, finalmente, alcançando o que andara procurando, mas sempre me escapava. Agora, estou trabalhando novamente, e acabei de ser promovido. Meu nível de energia aumentou pelo menos 200%.

O perigo de usar-se um mantra de efeito desconhecido é enfatizado por inúmeros relatos similares de pessoas que usaram sílabas sem sentido, sons eufônicos ou palavras com significados agradáveis. Em todos os casos, a meditação com esses mantras era menos favorável do que a prática correta da MT. Em vários casos, os efeitos subseqüentes eram negativos ou perturbadores, e incluíam dores de cabeça, períodos de interrupção da atenção e ansiedade. É lamentável, com a crescente popularidade da MT, que alguns pretensos "peritos" em relaxamento e outras técnicas de meditação tenham andado advogando em favor de seus próprios mantras improvisados, desconhecendo que severos efeitos danosos podem ser experimentados pelos seus desavisados praticantes.

Uma vez que a pessoa aprenda a MT corretamente, está capacitada a praticar a técnica sem dificuldade. Sem esforço, gozando duas vezes por dia um estado de profundo repouso e vivacidade aumentada, o meditador torna-se cada vez mais familiarizado com a plenitude da mente, desde os mais tranqüilos até os mais desenvolvidos níveis de processo de pensamento.

Embora os pesquisadores atribuam os efeitos positivos da MT ao profundo repouso alcançado durante o período de meditação, o crescimento holístico resultante da prática regular da técnica pode ser discutido em termos de aumento do acesso da pessoa à atividade mental tranqüila e à subjacente percepção pura.

(In: *MT — Meditação Transcendental*, Dr. Harold H. Bloomfield, Editora Nova Fronteira, Rio de Janeiro, 1980.)

> "Um quarto de hora de reflexão educa mais o espírito do que muitos meses de leitura."
>
> *Madame Lambert*

A ARTE DE VIVER

Como liberar o poder da imaginação

Bobbe Sommer

Visualizar resultados positivos pode levar sua mente subconsciente a sair em busca deles. Mas o oposto também é verdade. Lembre-se: a mente subconsciente não entende uma piada. Para seu mecanismo automático, a imagem destrutiva é um objetivo tão válido quanto a imagem criativa. É claro que você não pensa conscientemente em imagens negativas como "objetivos" —, *mas elas são*. Podem reforçar uma auto-imagem negativa e mantê-lo preso a padrões autodestrutivos e infelizes. O que você *quer* ser muitas vezes está em conflito intenso com o que você *imagina* ser — o que nos traz de volta a Geoff e à sua "ansiedade de desempenho".

A mente consciente de Geoff não conseguia selecionar nenhuma imagem positiva da sexualidade masculina. Sua mente subconsciente, o sim-senhor perfeito, concordou e agiu segundo a noção de que a sexualidade masculina era "vergonhosa e torpe". Levou-o para a impotência como única alternativa. Em decorrência de suas primeiras experiências negativas, o cavaleiro de Geoff teve de selecionar uma segunda imagem negativa: "Não sou capaz de manter uma relação sexual". Sempre que se conscientizava dessa imagem (quase todas as ocasiões em que se encontrava ao lado de uma mulher em uma situação potencialmente íntima), as outras possibilidades eram eliminadas. E seu cavalo passou a aceitar essa imagem como expressão da verdade, toda a verdade e nada mais que a verdade.

Geoff entendia que não adiantava culpar a mãe, o pai ou outra pessoa qualquer pelas imagens negativas que dirigiam seu mecanismo automático. O único meio de conseguir chegar a uma vida sexual sadia e normal era *mudando* essas imagens. Geoff começou a treinar seu cavalo a seguir um outro caminho por intermédio do processo dos cinco passos de desenvolvimento da CAPACIDADE. Sempre que tinha pensamentos negativos sobre sua sexualidade, dizia: *"Cancele!"* Depois, *substituiu* seus antigos dados pela frase "O sexo é uma parte natural e normal da vida e eu sou um ser humano natural e normal". *Afirmava* esse conceito muitas vezes por dia para garantir um reforço constante.

Mudar a auto-imagem para aceitar esses novos dados foi o trabalho da imaginação criadora de Geoff. Ele reservava quinze minutos por dia, sete dias por semana, para *concentrar-se* na imagem do homem que desejava ser. Durante esse período, permanecia em um lugar sossegado, onde podia estar sozinho, longe de qualquer distração, e entrava no teatro da imaginação. Era importante para Geoff desenvolver *suas próprias* imagens positivas da sexualidade masculina — não as da mãe, da *Playboy,* da dra. Ruth Westheimer ou qualquer outra pessoa. Fechava os olhos e visualizava-se em detalhes nítidos como um homem confiante, sexualmente ativo, desfrutando todo o leque de experiências possíveis com a mulher de sua vida, sem ansiedade ou vergonha.

Ao criar novos "quadros mentais" e recusar-se a aceitar como válida a antiga auto-imagem, Geoff colocou sua imaginação sob o controle da mente consciente. *Treinou* essa nova auto-imagem lembrando-se muitas vezes por dia de que estava em processo de substituição de sua velha programação. "Agia como se" já tivesse parado de pensar negativamente sobre sua sexualidade e de preocupar-se com seu desempenho.

"Fazendo de conta", enquanto desenvolvia sua nova auto-imagem, Geoff *mudou de idéia* em nível subconsciente. Usou o reaprendizado reflexivo para criar uma nova imagem de si, reprogramando seu mecanismo criativo automático para ir em direção à meta da sexualidade sadia. É claro que ajudou o fato de Geoff ter uma namorada carinhosa e compreensiva (com a qual depois se casou). Mas foram as imagens criadas por sua imaginação que tornaram possível atingir a meta.

Sua própria imaginação criadora é exatamente tão boa quanto a de Geoff. Ao submeter-se ao controle de sua mente consciente, você pode apagar um velho programa negativo e substituí-lo por outro positivo — quer seu programa se relacione com a sexualidade ou com sua competência enquanto vendedor, com o controle de suas emoções, com a educação dos filhos ou com a pintura de quadros. Se você "fizer de conta até conseguir", a mente subconsciente acabará absorvendo a imagem. O processo termina com uma auto-imagem nova em folha, feita sob medida para você.

(In: *Renove sua Vida*, Bobbe Sommer, Summus Editorial, São Paulo, 1997.)

A ARTE DE VIVER

BUDA (Siddartha Gautama) - Líder espiritual do Oriente, nascido em Kapilavastu, no sopé do Himalaia, em território do atual Nepal. Filho do rei Suddhodana (reino dos Sakyas), despojou-se de sua fortuna para se dedicar a ensinar a Verdade. É considerado o fundador do Budismo. Não deixou nada escrito. (556-476 a.C.)

"

Tal como numa casa, cujo telhado é imperfeito, penetra a chuva; assim, também, num espírito onde não reside a meditação, penetra a paixão.

"

A ARTE DE VIVER

Cosmo-meditação

Huberto Rohden

A verdadeira meditação, ou cosmo-meditação, é indispensável para a felicidade e plenitude do homem.

A genuína felicidade supõe que o homem se conheça a si mesmo, na sua realidade central, e viva de acordo com este conhecimento.

Autoconhecimento e auto-realização são os dois pólos sobre os quais gira toda a vida do homem integral ou univérsico. "Conhecereis a Verdade" — disse o divino Mestre — "e a Verdade vos libertará".

O autoconhecimento, que é a base da auto-realização, não é possível sem uma profunda cosmo-meditação. O próprio Cristo, antes de iniciar a sua vida pública, passou quarenta dias e quarenta noites em cosmo-meditação permanente, no deserto, e durante os três anos da sua vida pública, referem os Evangelhos, Jesus passava noites inteiras na solidão do deserto, ou no cume de um monte, em oração com Deus.

O homem não é o seu corpo, nem a sua mente, nem as suas emoções, que são apenas o seu invólucro, o seu ego periférico. O homem é o seu Espírito, a sua Alma, o seu Eu central, e para ter disto plena certeza deve o homem isolar-se temporariamente de todas as suas periferias ilusórias, para ter consciência direta e imediata da sua realidade central, isto é, meditar ou cosmo-meditar. Quando o homem cosmo-medita, ele deixa de ser ego pensante e se torna cosmo-pensado. Deixa de ser ego-agente e se torna cosmo-agido. Deixa de ser ego-vivente e se torna cosmo-vivido ou, na linguagem do Cristo, "Não sou eu que faço as obras, é o Pai em mim que faz as obras, de mim mesmo eu nada posso fazer". Ou, na linguagem de Paulo de Tarso: "Eu morro todos os dias, e é por isso que eu vivo, mas já não sou eu que vive, é o Cristo que vive em mim". "Se o grão de trigo não morrer, fica estéril — diz o Cristo — mas se morrer então produzirá muitos frutos." O ego é simbolizado por um grão de trigo, ou uma semente qualquer, o Eu é a própria vida do gérmen, que está na semente. O gérmen vivo do Eu não pode brotar, se a casca do ego não se dissolver. Quem não tem a coragem de morrer voluntariamente, antes de ser morto compulsoriamente, não pode viver gloriosamente no mundo presente.

É necessário que o homem morra para o seu ego estéril, para que viva o seu Eu fecundo.

Muitos querem saber quando e onde se deve cosmo-meditar. O divino Mestre diz: "Orai sempre e nunca deixeis de orar". Orar não quer dizer rezar, que é recitar fórmulas. Orar, como a própria palavra diz, é abrir-se rumo ao Infinito, deixar-se invadir pelo Infinito: isto, segundo os mestres, é orar. Essa meditação permanente, essa meditação-atitude, de que fala o Cristo, tem de ser precedida por muitas meditações-ato. A meditação permanente deve começar com meditações intermitentes. A melhor hora para a meditação é sempre de manhã, antes de iniciar qualquer trabalho. Quem não pode meditar de manhã, medite à noite, antes de dormir, mas, cuidado, quando alguém está muito cansado, depois dos trabalhos diurnos, é difícil fazer verdadeira meditação, porque a meditação é um trabalho muito sério. Acrobacia mental ou cochilo devocional não são meditação ou cosmo-meditação.

Convém que cada um tenha um recinto fechado e silencioso para meditar e que faça a sua meditação sempre à mesma hora e no mesmo lugar. É experiência que um recinto fechado se transforma, pouco a pouco, num santuário que facilita a meditação e a concentração mental porque as auras e vibrações desse lugar modificam favoravelmente o próprio ambiente.

Quanto à posição do corpo, observa-se o seguinte: quem não pode sentar-se à maneira dos orientais, em posição de lótus sobre as pernas dobradas, use uma cadeira de assento firme, espaldar ereto, mantenha o corpo em atitude natural ereta, não cruze as pernas e coloque as mãos no regaço, junto ao corpo, mantenha os olhos semifechados para favorecer a concentração. Uma luz suavemente azulada ou esverdeada ou pelo menos uma penumbra são muito favoráveis à concentração.

Antes de iniciar a cosmo-meditação, respire algumas vezes, profunda e vagarosamente, para harmonizar as vibrações dos nervos. Durante a meditação, respire normalmente. A perfeita oxigenação do cérebro é uma condição muito importante e necessária.

Qualquer atenção à atividade corporal dificulta a meditação. Deve-se relaxar todas as tensões corporais e esquecer-se totalmente da presença do seu corpo. Sem o relaxamento físico, não pode haver perfeita meditação ou cosmo-meditação.

Antes de meditar pode-se conscientizar palavras como estas: "Eu e o Pai somos um. O Pai está em mim e eu estou no Pai", ou então: "Eu morro todos os dias e é por isso que eu vivo, mas já não sou quem vive, é o Cristo que vive em mim".

Depois de ter feito, muitas vezes, a meditação intermitente, em forma de atos diários, a pessoa verificará que a meditação se transforma, pouco a pouco, numa meditação permanente, sem ela saber, numa meditação-atitude, perfeitamente compatível com qualquer trabalho externo, em casa, na escola, no escritório, na fábrica, na loja, em qualquer ambiente.

Esta meditação-atitude, consciente ou inconsciente, não impede, mas até favorece grandemente, os trabalhos externos, que ficam como que iluminados e aureolados de um halo de leveza, beleza e felicidade. Então compreenderá o homem o que o divino Mestre quis dizer com as palavras: "Orai sempre e nunca deixeis de orar", isto é, ter sempre a consciência da presença de Deus, mesmo, sem pensar nada; ter consciência não é pensamento, consciência é um estado do Eu espiritual, mas não é um processo do ego mental. Quando o homem está em verdadeira consciência espiritual, ele não pensa nada, ele está com 100% de consciência espiritual e 0% de pensamento mental, e então ele entra num verdadeiro estado de meditação-atitude, que tem de ser preludiada por muitas meditações em forma de atos conscientes e supraconscientes.

Convém preludiar a cosmo-meditação com alguma música concentrativa.

Nem todas as músicas clássicas dos grandes mestres são concentrativas: há poucas músicas realmente concentrativas, como, por exemplo, o conhecido *Hino a Brahma*, também a *Ave-Maria*, de Schubert, e a melodia mística do *Aonde Fores, Eu Irei*.

Essas músicas e outras podem servir como prelúdio para a cosmo-meditação. Digo de prelúdio, mas não para acompanhar a meditação. Durante a cosmo-meditação deve haver silêncio absoluto, que é a música da Divindade, a música do Infinito. Esse silêncio não deve ser apenas físico, mas deve ser também mental e emocional. O homem não deve fazer nada, não deve pensar nada, não deve querer nada durante a cosmo-meditação, mas ficar simplesmente na consciência espiritual.

Esse homem vai ser invadido, por assim dizer, pela alma do próprio Universo. Esse universo não está fora dele, esse universo, pelo qual ele vai ser invadido, está no seu próprio centro, é a sua consciência central, o seu Eu, a sua alma, o seu espírito. As suas periferias vão ser invadidas pelo seu centro, porque é regra e lei cósmica: onde há uma vacuidade, acontece uma plenitude.

Se o homem consegue esvaziar-se completamente de todos os conteúdos do seu ego humano, infalivelmente vai ser invadido pela alma do universo, que não está fora dele, mas dentro dele mesmo. Esta invasão é automática, mas o esvaziamento do nosso ego é nossa tarefa própria. E aqui está a grande dificuldade. O nosso querido ego não quer ser esvaziado das suas atividades, porque ele não sabe nada fora disto. Ele se defende contra esse ego-esvaziamento. Mas se alguém consegue esse ego-esvaziamento, vai ser invadido pela alma do próprio universo; mas, cuidado, para o principiante é difícil esse ego-esvaziamento, sem cair em transe, na subconsciência. Se isto lhe acontecer, nada vai acontecer de grande na cosmo-meditação, porque no subsconsciente nós não podemos realizar a nós mesmos, só podemos realizarmo-nos no supraconsciente. Portanto, quando alguém deixa de pensar e de querer alguma coisa, não caia ou na inconsciência ou subconsciência, porque isto não resolve nada; tem de subir à supraconsciência, à cosmo-consciência.

A cosmo-meditação, quando praticada por muito tempo resolve todos os problemas da vida humana. Isto é infalível.*

O meditante sentirá, pouco a pouco, firmeza e segurança, paz e tranqüilidade e uma profunda e permanente felicidade. Todos os problemas dolorosos da vida serão resolvidos depois de alguém se habituar a uma profunda e verdadeira cosmo-meditação.

A cosmo-meditação é a base da Auto-Realização.

(In: *Educação da Consciência*, Huberto Rohden, Editora Martin Claret, São Paulo, 1997.)

---

* Recomendamos a leitura e o estudo do livro *Cosmoterapia*, de Rohden. Trata do assunto.

A ARTE DE VIVER

KRISHNAMURTI (Jiddu) - Escritor, pensador, conferencista e líder espiritual. Nasceu em Madapalle, sul da Índia. Foi educado na Inglaterra e Paris, e viveu nos Estados Unidos. Sua filosofia baseia-se na premissa de que o desenvolvimento espiritual decorre da conquista individual. Viajou pelo mundo, proferindo palestras. A maioria de suas obras é composta de diálogos entre ele e seus ouvintes. Entre suas obras figura: *Liberte-se do Passado*. (1895 - 1986)

> **Só quando a mente está vazia existe a possibilidade de criação. Refiro-me ao vazio que resulta de uma extraordinária atividade de reflexão, quando a mente, percebendo a sua própria capacidade de criar ilusões, passa além.**

A ARTE DE VIVER

Auto-imagem: a chave de sua personalidade

Bobbe Sommer

*T*odos nós sempre agimos, sentimos e temos atitudes coerentes com nossa auto-imagem — independentemente de quão real essa imagem seja.

É muito importante entender isso. Nem a impressão de John de que mulher alguma poderia achá-lo atraente, nem a convicção de Laura de que era burra tinham algo a ver com a realidade. Eram inteiramente produtos da imagem que cada um tinha de si. Todos conhecemos histórias sobre pessoas que sofrem de anorexia nervosa — pessoas tão convencidas de que são gordas que passam fome até começarem a definhar. Era o que acontecia com John. E com Laura.

Pode estar acontecendo com você.

"Sabendo ou não", escreveu Maltz, "cada um de nós carrega uma fotocópia ou quadro mental de si. Pode ser vago e mal definido para nosso olhar consciente. Na realidade, talvez nem seja possível reconhecê-lo conscientemente. Mas está lá, em seus mínimos detalhes. Essa auto-imagem é nosso conceito do 'tipo de pessoa que sou'. Foi construída com nossas *crenças* sobre nós mesmos. Entretanto, a maioria delas... formou-se a partir de experiências passadas, êxitos e fracassos... e pela maneira com que as pessoas reagiram a nós... Depois que uma idéia ou crença sobre nós passa a fazer parte desse quadro, torna-se 'verdade' naquilo que nos toca pessoalmente. Não questionamos sua validade, passamos a agir *como se aquilo fosse verdade*."

Todos sabemos como é fácil nos identificarmos com nossas decepções e fracassos. Maltz chamava esse processo de *instinto destrutivo*. Em vez de dizermos a nós mesmos "Não consegui aquele emprego que eu queria", concluímos: "Sou um fracasso". Em vez de pensar "Aquele relacionamento simplesmente não dava certo", dizemos: "Quem ia me querer?" Todos temos familiaridade com a voz interior que diz: "Não sou bastante bom". Como conseqüência desse auto-reforço negativo, ficamos rodeados pelos muros do medo, da ansiedade, da culpa, da autocondenação e do ódio por nós mesmos. Não temos a menor idéia de como chegamos a este ponto (além de não sermos bastante bons), nem a menor pista sobre uma possível saída.

Portanto, para começar, pare um momento e internalize este pensamento: *Não é preciso que seja assim*.

É nossa auto-imagem que estabelece nossos limites. E adquirir uma auto-imagem positiva — o *instinto de vida* em vez do instinto destrutivo — está dentro das possibilidades de cada homem, mulher e criança.

A psicocibernética: sua mente e seu sistema automático de orientação

Maxwell Maltz não fez treinamento em psicologia. Era médico, cirurgião plástico. Durante anos de clínica, percebeu que a maioria dos pacientes tratados por causa de graves desfigurações faciais mostrava profundas mudanças de personalidade algumas semanas após a operação. A auto-estima e a autoconfiança crescentes pareciam refletir sua nova aparência. Era como se a mudança do rosto tivesse reconstruído também a psique. Mas, em alguns casos, a cirurgia não apresentava tais alterações. O paciente continuava sentindo-se "inadequado", "inferior" ou "feio". Em outros casos, o paciente olhava-se no espelho e insistia em dizer que a cirurgia não fora capaz de realizar absolutamente mudança alguma.

Essa observação convenceu Maltz de que não era a cirurgia em si que produzia as mudanças de personalidade. A reconstrução facial é que, às vezes, levava também ao enaltecimento de uma qualidade interior. Concluiu que essa qualidade interior era a auto-imagem. Se a cirurgia plástica mudasse o conceito mental e espiritual que uma pessoa tinha de si, a personalidade também mudaria. Se não houvesse uma mudança na auto-imagem, o paciente continuaria se sentindo feio e inadequado.

A idéia de que a auto-imagem é a chave de nossa psicologia estava no ar desde a década de 1930. Mas ninguém tinha respondido à questão de *como* a auto-imagem cria a personalidade. Maltz encontrou uma resposta na ciência da cibernética. Esta palavra foi cunhada em 1948 por Norbert Wiener, matemático e cientista da computação. Sua origem é um termo grego que significa piloto de embarcações e se refere à operação de um sistema de orientação ou controle automático, também chamado de *servomecanismo*.

Maltz concluiu que o cérebro e o sistema nervoso humano funcionam como uma espécie de servomecanismo, um dispositivo que procura a rota certa como o piloto automático dos aviões. Por isso é que batizou sua idéia central de *Psicocibernética:* a ciência da cibernética aplicada à mente humana. A auto-imagem, afirmava Maltz, é o elemento-chave que determina se nosso sistema interno de orientação irá nos levar ao sucesso ou ao fracasso. Define a amplitude e o alcance dos alvos que nosso dispositivo de orientação precisa atingir – "a área do possível".

(In: *Renove sua Vida*, Bobbe Sommer, Summus Editorial, São Paulo, 1997.)

A ARTE DE VIVER

R. STANGANELLI - Escritor, compositor e produtor musical. Tem mais de 21 livros e centenas de letras musicais publicadas. É um humanista e cientista social. Sua grande missão tem sido ajudar o ser humano a se auto-aperfeiçoar. Inspirado em Thomas Edison, fundou, em São Paulo, a União Universal dos Otimistas. (1931 -   )

"

Precisamos ter momentos de raciocínio, que precisam ser feitos com toda atenção e com os melhores pensamentos, para meditarmos sobre o assunto que não é fácil, para ficarmos diante do problema e não o deixarmos nos atormentar, para sermos o esteio divino do nosso ideal.

"

A ARTE DE VIVER

O centro zen

Jacob Needleman

O modo com que o Zen apareceu no Ocidente é uma intimação do caminho que parece agir sobre os indivíduos que agora praticam-no na América. Talvez nós pudéssemos chamá-lo o método da não-violência intrapsíquica. No sentido de compreender algo sobre isto, é melhor olhar antes para o que é designado por Soto Zen, o tipo de Zen que agora se enraizou como prática na cidade de São Francisco e num estabelecimento monástico no meio do sertão da Califórnia.

Há duas principais seitas de Zen: Rinzai e Soto. Ambas se apresentam como métodos por meio dos quais o indivíduo pode experimentar a verdade a respeito de sua própria natureza: que é, a qualquer instante, o completamente real. Sem esta experiência, a vida humana é a todo momento produzida pela sensação de que alguma coisa necessária está faltando. Este é o estado de desejo. O que chamamos desejos, medos, sentimentos e pensamentos particulares associados a eles resultam desse estado básico. De acordo com o Budismo, a única coisa que realmente falta ao homem é a experiência de que nada está faltando.

O homem não-iluminado é caracterizado pela falta de experiência do que é. Sua experiência do que é, do real, está misturada com pensamento que está a serviço do desejo. Este pensamento, ou julgamento, não é uma experiência, mas em si mesmo um aspecto do real. É também alguma coisa a ser experienciada. Mas o homem não-iluminado raramente dirige simplesmente para a experiência o seu pensamento ou seus sentimentos como tal. Assim, ele deseja, em vez de experienciar seus desejos. Ora, o desejo é parte do esforço para mudar o que existe, fazê-lo melhor, mais agradável, e assim por diante. O homem não-iluminado, portanto, nunca experiencia a realidade.

De acordo com a tradição budista, há algo no homem que é capaz, quieta e diretamente, de experienciar ao invés de desejar. Isto é chamado a natureza de Buda. A vida submersa no desejo e seus pensamentos podem em si mesmos ser experienciados. O despertar desta experiência é, deste modo, um importante elemento no que é chamado a realização da natureza de Buda. O Zen Budismo é um meio de ajudar o indivíduo a chegar a este despertar da experiência.

O Soto Zen difere do Rinzai no que não enfatiza o uso do koan [1] para levar a cabo este despertar. De fato, quase o quadro completo que os ocidentais têm do Zen é baseado em relatos sobre a prática Rinzai e não Soto.

Minhas primeiras investigações sobre o Centro Zen, que pratica o caminho Soto, foram portanto algo chocantes. Isso também é verdade para muitos americanos que mais tarde se tornaram membros praticantes. Eles vieram preparados para os koun, a "anti-

---

[1]Tal como o agora famoso "Qual é o som de bater palmas com uma só mão?"

racionalidade", a "exigência" e o conflito existencial que é parte de sua imagem da prática Zen. Em vez disso eles receberam algumas simples instruções sobre, postura e lhes foi pedido "sente-se apenas". Para este estar sentado ou *zazen* eles foram convidados a se reunir com os outros estudantes do Centro Zen cedinho, cada manhã e ao anoitecer.

"Sente-se apenas": isto dificilmente soa como um desafio lançado ao aspirante! Mas, à sua maneira, este é o grande koan do Soto Zen: "Sente-se apenas". Somente não se manifesta imediatamente como um desafio, nem se faz corresponder à preconceituosa idéia de teste do estudante: alguma dificuldade externa que ele deve superar para obter o que é desejável. Tais "testes", que todo homem enfrenta através de sua vida, deixam o indivíduo basicamente inalterado. Ou se é aprovado ou se falha, ou se consegue o que se quer ou não. Mas o querer, o desejar em si permanece: inexperienciado, desconhecido exceto como objeto de um tipo de pensamento que está por sua vez a serviço de outro desejo do "ego".

Os estudantes vêm antes do sol nascer a uma velha sinagoga no centro do bairro japonês de São Francisco. Dentro do edifício pouco foi alterado. É extraordinariamente limpo e quieto. No principal auditório, algumas imagens de Buda substituíram a arca da aliança, e no andar de cima a grande sala de reuniões serve agora como um *zendo*, o principal aposento para o "sitting". *Zafus*, as pequenas almofadas pretas aproximadamente esféricas estão alinhadas contra a parede com uma precisão natural, "tatamis" cobrem o chão e na parte frontal do aposento há um altar com imagens de Buda e Bodisatvas. Pequenas almofadas pretas também estão arrumadas fora do *zendo* no balcão do auditório. Nas sinagogas ortodoxas, o balcão é um lugar reservado para mulheres, mas agora este é usado para os estudantes mais novos praticarem seu zazen.

Este é, então, um edifício bem ocidental [2], mas algo tocado por uma luz do Extremo Oriente. Na história da difusão do Budismo sempre tem sido assim: quando o Budismo transpôs a Índia para a China, Tibet, Japão e para o resto da Ásia, não era seu caminho substituir as formas tradicionais e estruturas da cultura em que estava penetrando. Parece nunca ter chegado como substituto para nada, nunca como uma nova religião. Nisto, claro, é diferente dos bem conhecidos aspectos da atividade ocidental missionário-religiosa. Nem o Budismo parece vir como uma síntese, ou uma aproximação das várias tradições em uma cultura.

É verdade que há muitas formas rigorosas de práticas associadas com o Centro Zen, a maioria das quais são profundamente enraizadas nas tradições da prática Zen nipônica. O quadro, aos nossos olhos, portanto, será este: homens e mulheres americanos, muitos deles jovens; suas faces são nossas faces e as faces de nossas crianças; seus modos, suas roupas, seu caminhar — muitos distantes da auto-indulgên-

---

[2] Quando este livro estava para ser impresso, os estudantes se mudaram para um novo prédio, maior, onde eles estão todos hospedados juntos, e onde o Mestre também reside com eles. Estranhamente, a estrela de Davi também decora este prédio que era um clube residencial para jovens mulheres judias. O leitor é livre para estabelecer suas próprias conclusões sobre o karma entrelaçante do Judaísmo e do Budismo na América.

cia de um escapista. Exceto por uma ausência de severidade em seu comportamento e sua conversa, eles parecem bem comuns e variados.

Lá estão eles na Califórnia, sentados na postura lótus, cantando monotonamente — em japonês— "Forma é vazio, vazio é forma", palavras e conceitos que simplesmente não podemos compreender. Então há um "ritual" extraordinariamente detalhado de comer juntos, o destapar e tapar de tigelas, a mesura a cada porção servida. Isto não é o processo de institucionalizar uma nova estrutura de formas rituais? Em algum sentido a resposta deve ser sim. Porém, em um sentido muito mais interessante, não é realmente assim. Pois o centro, o eixo em torno do qual todas as formas giram, e para o qual todas as formas são instrumentos, é apenas "sentar-se".

Todas as formas rituais são meios para um fim; podemos muito bem chamá-las auxílios práticos em direção ao despertar da experiência. Tal objetivo é estranho para o homem comum porque ele usualmente procura um certo tipo de experiência, enquanto que o objetivo da prática Zen é a própria experiência, não importa o tipo da experiência.

Nossos bem conhecidos rituais religiosos ocidentais, por exemplo, propiciam um certo tipo de experiência, e a maioria de nós participa deles a fim de ter tais experiências: a experiência de Deus, de arrependimento, de consolação, de ser compreendido ou aceito, de harmonia, de reverência. Mas o ensinamento Zen é que nós erramos ao esperar que essas futuras experiências nos façam completos e integrais. De fato, quando estamos "tendo" essas experiências, nós realmente não as estamos tendo de modo nenhum. Mesmo no meio desses rituais, nós ainda estamos procurando a experiência que nos está reservada para o próximo minuto ou hora. Nós estamos sempre procurando a experiência que completa, e quando certos sentimentos agradáveis finalmente surgem em nós, nossas mentes meramente os rotulam como a experiência que procurávamos. Em resumo, alguma coisa nos torna incapazes de ter as experiências que buscamos, porque alguma coisa nos torna incapazes de ter a própria experiência. Estamos sempre procurando, esperando.

Esta é a base do que parece ser a natureza anti-religiosa de muitos dos escritos Zen. Se a religião se fortalece ao invés de dissolver-se, o hábito mental de esperar cessa de operar como um meio de realização ou "salvação".

Quando essas idéias apareceram pela primeira vez na América contemporânea, muitas pessoas — especialmente os jovens — tomaram-nas como sancionando uma espécie de libertinismo. Mas elas obviamente não propiciam tal sanção, visto que o libertinismo, sob qualquer nome, está procurando certos tipos de experiência.

(In: *As Novas Religiões*, Jacob Needleman, Editora Artenova, Rio de Janeiro, 1975.)

> "O homem precisa saber que ele tem, em si mesmo, a capacidade de descobrir, sem revelação de ordem sobrenatural, os meio de realizar as exigências de Paz e Amor."
>
> *Mário Schenberg*

A ARTE DE VIVER

O alimento do espírito

Dorothy Carnegie

P reocupar-nos pelos outros é um princípio básico da ética e da religião. Mas não podemos fazer muito pelos outros, enquanto não fizermos algo por nós mesmos, enquanto não nos sentirmos espiritualmente orientados; é preciso termos uma razão de ser na vida que sirva de base e de orientação para as nossas atividades.

Segundo as palavras do falecido Peter Marshall:
— ... aqui estamos. Temos dinheiro... Estamos bem vestidos... Confortavelmente instalados... Temos automóveis — e aparelhos modernos em casa. Mas *estamos espiritualmente subnutridos*.

Esta subnutrição espiritual é a causa de muitos males emocionais e mentais. Impede que nos tornemos emocionalmente maduros, da mesma forma que a subnutrição atrasa o desenvolvimento físico.

Em Viena, o Dr. Viktor Frankl é o líder de uma nova escola relacionada à psiquiatria, cuja base é a teoria de que homens e mulheres têm necessidades espirituais tão fortes quanto os instintos do sexo e da fome. O Dr. Viktor Frankl é professor de neurologia e psiquiatria da Universidade de Viena e Presidente da Austrian Society of Medical Psychotherapy.

Ele acredita que, embora a maioria dos homens

e mulheres hoje em dia tenham superado a timidez em relação às emoções sexuais, sentem-se todavia profundamente perturbados pela repressão de seus íntimos sentimentos religiosos. Dá a essa repressão o nome de "timidez religiosa" (*God-Shyness*), que, segundo ele, é "a verdadeira patologia de nossa época".

Para que nos sintamos emocionalmente sadios, é preciso que nos compenetremos de que Deus e a religião são necessidades reais e que precisamos voltar-nos para o lado espiritual da vida. Segundo ainda o Dr. Frankl, para que nossas vidas tenham verdadeira razão de ser, é necessário que nos apoiemos firmemente na fé, acreditemos em Deus como o criador de todas as coisas.

O Dr. Frankl formulou sua idéia de "logoterapia", como ele a chama — o diagnóstico e tratamento da alma —, nos campos de concentração nazistas, durante a Segunda Grande Guerra. Diz ele que, mesmo num campo de concentração, a vida pode ser digna de ser vivida. "Estive aprisionado em três desses campos, inclusive Auschwitz e Dachau." O que impediu os prisioneiros de enlouquecerem não foram as teorias com as quais os psicanalistas inundaram o mundo, e sim o fato de muito haverem procurado um motivo espiritual para seu sofrimento e através dele se aproximar de Deus.

Se a ciência está começando a reconhecer que um espírito doente precisa de Deus, é igualmente importante reconhecer que uma personalidade sadia, em busca da maturidade e sequiosa de realizações, deva, antes de mais nada, aproximar-se de Deus e senti-Lo como o coração do Universo. A oração é o elo que nos conduz a Deus e através do qual Ele nos comunica a Sua força. É a comunicação, a corrente que flui de ambos os lados, unindo-os ao princípio criativo da vida. É a chave que nos abre a porta do espírito.

Orar não é pedir. É o relaxamento do espírito mediante o qual nos tornamos receptivos, desejosos de aceitar uma vontade mais poderosa do que a nossa. Varre da mente as emoções negativas, tornando possível a atuação das nossas próprias forças positivas.

O medo, a preocupação, a cólera e o ódio nos perturbam de tal forma que ficamos impossibilitados de raciocinar e de julgar. É a oração que nos esclarece a inteligência, mantendo nossos caminhos livres de todo o empecilho.

James E. Pence, residente no número 1200 West 6th Street, El Dorado, Arkansas, relata-nos seus problemas durante os anos de depressão de 1932 e 1933.

— Precisei abandonar a escola, para sustentar minha mãe quase inválida e três irmãs menores. Era um rapazinho e se os homens feitos não conseguiam emprego, que poderia eu fazer? Perambulava pelas estradas e, em trens de carga, ia de uma cidade para outra, fazendo toda a espécie de trabalho para conseguir mandar algum dinheiro para casa.

Quando foi fundada a Civilian Conservation Corps, alistei-me. Podia mandar trinta e seis dólares por mês para minha mãe e irmãs. Isto me deveria ter feito feliz, mas não o fez.

Chorava noite após noite. Quase sempre meu travesseiro ficava tão molhado pelas lágrimas, que eu precisava levantar-me mais cedo, para trocar a fronha, antes que meus companheiros a vissem. Chorava por ter precisado abandonar a escola e por pensar que talvez jamais pudesse voltar a estudar.

Lembrei-me, então, do que meu avô costumava dizer-me, quando eu era pequeno: — Filho, sempre que tiver um problema que lhe pareça grande demais, peça a Deus que o ajude. Comecei a rezar todas as noites. Não tinha coragem de me ajoelhar diante dos outros rapazes e, por isso, rezava já deitado, quando as luzes se apagavam.

Gradualmente, cessaram as explosões de choro e aquela sensação de pesar. Sentia-me fisicamente mais bem disposto, e até engordei um pouco. Alguns meses depois, minhas orações foram ouvidas. Afixaram no quadro o aviso de que os rapazes que quisessem continuar os estudos, poderiam procurar o novo orientador educacional.

Esta experiência ensinou-me que a oração é a resposta para todos os problemas humanos.

Aqueles que, jovens ainda, descobriram o poder da oração, como o sr. Pence, adquiriram a grande sabedoria da vida, pois é a oração o meio mais poderoso para chegarmos ao progresso, à maturidade, às realizações.

Algumas pessoas não dão à oração o devido valor, porque pensam que nem sempre são ouvidas. Não têm a percepção daquela meninazinha que rezava pedindo um pônei como presente de aniversário. Quando passou o dia e o pônei não apareceu, o irmãozinho ria-se dela dizendo que, se ela havia pedido a Deus que lhe mandasse algo que não apareceu, e era porque suas orações não tinham sido ouvidas.

— Ouviu, sim! soluçava a pequenina. Ele disse não!

Vez por outra, Deus nos diz não. É difícil uma criança entender por que os pais, que tanto a amam, nem sempre lhe satisfazem todos os desejos. As razões podem ser óbvias para os adultos, mas a criança, inexperiente, não compreende. A disciplina, quando necessária, faz parte do processo de crescimento, embora a nossa limitada visão não compreenda tal necessidade.

Orar, verdadeiramente, significa colocarmo-nos a mercê de uma vontade mais forte do que a nossa, e não uma tentativa de ditarmos a Deus as nossas vontades e impô-las segundo o nosso desejo.

(In: *A Maturidade - Segredo da Eterna Juventude*, Dorothy Carnegie, Editora Nacional, São Paulo, 1980.)

A ARTE DE VIVER

OSCAR WILDE - Escritor, dramaturgo, conferencista e crítico literário. Nasceu em Dublin, Irlanda. Estudou em Oxford. Em virtude de sua personalidade contestadora, se indispôs com a aristocracia britânica. Foi acusado por crimes de natureza sexual e, após julgamento, preso e condenado a trabalhos forçados. Entre suas muitas obras destaca-se o romance *O Retrato de Dorian Gray*. Morreu na França, para onde fora após ter saído da prisão inglesa. (1855 - 1900)

> **Escuta-me, ó homem! Tens tudo dentro de ti próprio. No mais íntimo do teu ser residem as faculdades que Deus te deu para que te sirvas dela.**

A ARTE DE VIVER

Como concentrar-se no Eu Divino

Huberto Rohden

É este o doloroso problema de milhares e milhares de homens de boa vontade: como atingir o núcleo atômico da natureza humana...

O nosso ego físico-mental-emocional é, por sua natureza, **centrífugo, extravertido,** demandando sempre às periferias do mundo objetivo. O seu ambiente é o mundo externo, dos sentidos, da inteligência, das emoções. O nosso ego é visceralmente **exteriorizante.**

O nosso Eu espiritual é essencialmente **centrípeto, introvertido,** tendendo, sempre, ao centro da natureza humana.

Esses dois pólos se acham no Universo.

O UNO é do Eu, o VERSO é do ego.

Sendo, porém, o curso da nossa evolução de fora para dentro, é natural que primeiro atinjamos o VERSO e, somente mais tarde, o UNO.

Para o roteiro da nossa evolução, o **Universo é Versuno:** os Diversos em demanda do Uno, os Múltiplos em demanda do Simples.

Enquanto esses dois **componentes** do cosmos não estiverem harmonizados no **composto** único, não haverá paz e sossego na vida humana.

No homem **profano** prevalece o **Verso.**

No homem **místico** impera o **Uno**.

O homem **cósmico** realiza a grande síntese do **Universo**: ele e o Universo são um. Ele é **universificado** — é o homem **univérsico**.

Considerando que a imensa maioria, a quase totalidade, da atual humanidade pertence ainda ao mundo dos profanos, é lógico que o primeiro passo a dar está em ultrapassar a fase caótica da dispersividade do ego, e entrar na zona mística do Eu.

A primeira etapa, nessa jornada do **centrifuguismo** ao **centripetismo**, do **ego profano** ao **Eu sagrado**, está na consciência do **Eu místico**. Quem parte do **antepenúltimo**, rumo ao **último**, terá de passar pelo **penúltimo**. Esse penúltimo é o total isolamento na zona mística.

E para chegar a essa zona, vem em primeiro lugar a **concentração mental**, que passa pela **meditação** e culmina na **contemplação**.

Dificílima é a concentração mental.

Difícil a meditação.

Fácil a contemplação.

Mas... para chegar à zona do "jugo suave" e do "peso leve", é indispensável passar pelo "caminho estreito" e pela "porta apertada". Sem isto não há ingresso no reino de Deus. Por vezes, essa porta apertada parece até o "fundo duma agulha", por onde não passa nenhum "camelo", sobretudo quando onerado de muita bagagem profana. Deixe de ser "bagageiro", e deixe de ser "camelo" — e passará pelo "fundo da agulha".

Esse processo é ensinado pelos mestres da **interiorização**, que é essencialmente um processo de libertação de toda a bagagem do ego, sobrando apenas o Eu puro e desnudo, a "luz do mundo", que tudo atravessa e pervade.

O seguinte diagrama tem por fim concretizar o processo de interiorização libertadora.

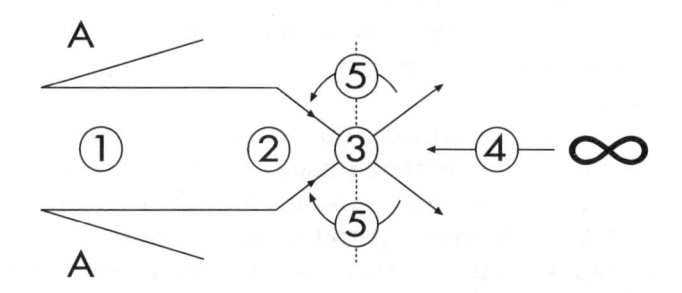

Na zona 1 os nossos pensamentos correm, suavemente, em direção paralela, sem esforço ou, até, em forma dispersiva indicada pelas duas letras A A.

Com algum esforço, consegue o homem disciplinar as tendências do seu ego, reduzindo a dispersividade ou o paralelismo mental a uma ligeira convergência mental, indicada pelo algarismo 2. Em vez de ter 20 ou 10 pensamentos em rápida sucessão, a mente os reduz a 5 ou 2 e, finalmente, a um só pensamento, que enfrenta com o ponto único do algarismo 3. A mente está, então, **unipolarizada** — grande vitória para o homem habitualmente **pluripolarizado,** distraído, dispersivo, indisciplinado.

Este pensamento único pode ser por exemplo, "eu sou luz".

A fim de conseguir a focalização unipolar do pensamento único, convém repetir, audível ou inaudivelmente, algum **mantra,** sempre o mesmo; por exemplo: Eu e o Pai somos um... Eu e o Pai somos um... Eu e o Pai somos um...

Pouco a pouco, esse **pensamento sucessivo** culmina na **consciência simultânea:** Eu e o Pai somos um. Deixou de existir a **sucessividade dispersiva da análise mental,** e surge a **simultaneidade unitiva da intuição espiritual.**

Estas duas palavras são importantíssimas. Deve o leitor repeti-las e ruminá-las até assimilá-las integralmente.

A **unipolaridade do pensamento** é, agora, substituída pela **unipolaridade da consciência.** Morreu a **análise mental** e nasceu a **intuição espiritual.**

O meditante superou a zona baixa das tempestades e turbulências e entrou na estratosfera da grande quietude e do silêncio.

A linha vertical pontuada entre os algarismos, 2 e 4, marca a fronteira entre dois mundos: entre o mundo turbulento do ego, sujeito a tempo, espaço e causalidade — e o mundo tranquilo do Eu, que habita no eterno, no infinito.

Pela primeira vez, o homem chega a saber, então, que céu e inferno não são regiões geográficas ou zonas astronômicas, mas sim estados de consciência.

O homem que cruzou a linha divisória pontuada, entre o 2 e o 4, passou da **meditação** para a **contemplação.** Está com o **templo** (con-templar). Ele não pensa, não analisa, não medita mais — ele simplesmente **contempla,** visualiza tranquilamente a suprema Realidade. E, como ele é um canal aberto, as águas vivas da Realidade fluem e jorram para dentro desse homem, assim como a plenitude se derrama necessariamente para dentro da vacuidade.

Do ponto 3 da nossa figura, partem linhas divergentes para a direita, linhas que tanto mais se abrem quanto mais se distanciam do seu nascedouro. Estas linhas, que principiam na zero-dimensão e na zero-duração 3, fronteira entre o ego e o Eu, representam, em seu crescente afastamento, o grau de receptividade do homem.

A **meditação** inicial se transformou em **contemplação**. Para a direita do ponto 3, já não há meditação — há, tão-somente, contemplação consciente, altamente consciente. Nunca o homem é tão intensamente consciente como quando todo o seu **pensar culminou** em **intuir**. Esse estado nada tem a ver com transe, hipnose, ou outra forma qualquer subconsciente, porque a sua atuação é toda superconsciente, pleniconsciente, cosmoconsciente.

Durante todo esse tempo — embora fora do tempo — mantenha-se o aspirante na permanente vibração espiritual "eu e o Pai somos um", sem nada pensar, sem nenhuma discursividade mental, em plena simultaneidade consciente, flutuando no imenso oceano do seu profundo "EU SOU..."

Isto é **orar...**

Orar é derivado da palavra latina **os (oris),** que quer dizer "boca". Orar seria, pois, "abrir a boca" — a boca espiritual do Eu. Abrir a boca denota fome. O espírito finito Eu abre a boca rumo ao Espírito Infinito Deus, cuja presença se lhe tornou intensamente consciente, durante a contemplação. Abre a boca, porque tem "fome e sede da justiça (verdade)"; sente a presença da Fonte, cuja plenitude pode saciar a vacuidade do homem, porquanto "a alma é crística por sua própria natureza", e no silêncio auscultativo da contemplação, ela atinge o zênite da sua cristicidade.

A plenitude da Fonte divina, cuja mais alta individuação é o Cristo Cósmico, flui para dentro da vacuidade do recipiente humano, através dos canais do ego, suposto que esses canais estejam conscientemente ligados à Fonte e estejam puros para receber as águas vivas que emanam da Vida Infinita.

O número 4 indica a zona das grandes revelações, que emanam do Infinito.

Depois de saturar a consciência espiritual, pode o homem regressar, externamente, para o mundo do seu velho ego — flechas reversivas 5 da figura — sem, todavia, perder o contato com o mundo divino do seu Eu crístico, o qual, daí por diante, aureolará e permeará todas as atividades do Iluminado, que acaba por ser um Lucificado.

Um único segundo de contato real com o mundo divino pode transformar a vida inteira de um homem...

O fluxo das águas vivas da Fonte através dos canais é diretamente proporcional ao grau de esvaziamento e vacuidade desses canais humanos. Quando a **ego-vacuidade** chega ao ínfimo nadir do zero ("0"), então, a **Eu-plenitude** atinge o supremo zênite do cem (" 100") — se com " 100" entendermos o mais alto grau da teo-consciência que o homem possa alcançar.

A **ego-vacuidade** clama, pois, pela **teo-plenitude.**

Essa **teo-plenitude,** no plano dos finitos, é a **cristo-plenitude,** aquele estado de conscientização a que Paulo alude quando diz "já não sou eu que vivo, o Cristo vive em mim".

Vezes há em que o estado de "oração", para além de pensamentos e palavras, perdura horas, ou até dias inteiros. Mas, o orante nada disto sabe, porque nessa zona não há tal coisa como "horas" ou "dias"; não impera mais a tradicional ilusão designada pela palavra **tempo.** Nem, tampouco, impera a outra ilusão dos sentidos chamada **espaço,** ou dimensão. O orante ou contemplante nada sabe do "quando" nem do "onde" de si e das coisas. Lá, onde ele está, tudo é "agora" e "aqui"; tudo é o **eterno** e **presente** e o **infinito aqui.** Ao ocaso das ilusões do ego sucedeu a alvorada da verdade do Eu.

Todos os grandes mestres da humanidade sabiam, por experiência, desse mergulho no Infinito e no Eterno: Moisés, Elias, João Batista, Jesus, o Cristo, Paulo de Tarso, Francisco de Assis, Rabindranath Tagore, Mahatma Gandhi, Ramana Maharshi, e muitos outros. Alguns deles, como o próprio Cristo, passaram quarenta dias ininterruptos num estado em que a pequena onda da ego-consciência se achava totalmente submersa no grande mar da Eu-consciência, que é o Infinito Transcendente.

A presença do Infinito em todos os finitos é um fato universal. Assim, a presença de Deus no homem é uma realidade objetiva; mas, como já dissemos, o que resolve os problemas do homem não é o fato da **presença divina,** e sim a **consciência** dessa presença. Enquanto o homem não conscientizar nitidamente o fato da presença de Deus nele, continua a ser pecador, doente, infeliz, mortal, sujeito às misérias do ego. Mas, a partir do momento em que ele desperta para a consciência da presença de Deus nele, acabam as misérias geradas pelo ego, e principiam as grandezas nascidas do Eu.

É possível, e até provável, que essas grandezas não eclipsem, logo de início, as misérias tradicionais; mas, está lançada a semente da planta gloriosa. Após um período maior ou menor de incubação, virá a grande eclosão. Durante três longos anos, esteve a semente da palavra do Cristo incubada nas almas dos seus discípulos, aparentemente morta; mas ela acabou germinando e brotou, gloriosa, na manhã do Pentecostes.

O ego, precisamente por ser condicionado por tempo e espaço, quer logo ver resultados palpáveis das suas atividades. É impaciente, por ser míope e interesseiro. Mas o Eu, por ser eterno e infinito, não depende de tempo e espaço. Deixa os resultados por conta de Deus e só se interessa pelo trabalho em si. O Eu trabalha intensamente e renuncia, a cada passo, aos frutos do seu trabalho; tem o "faro cósmico" e sabe que o Universo se encarrega dos resultados de qualquer trabalho, e que esses resultados são benéficos quando o homem realiza o trabalho com amor e pureza de intenção. Daí advém ao homem espiritual a sua admirável calma e serenidade em todas as atividades.

O homem sapiente não se entristece pelo fato de não ver resultados palpáveis dos seus trabalhos ou dos seus exercícios espirituais; continua a trabalhar com a mesma alegria, sem jamais admitir desânimo ou desculpas diante de si mesmo. Nenhum negócio, nenhuma doença, nenhuma visita, nenhuma circunstância o pode levar a desistir dos seus trabalhos ou exercícios, porque o Eu divino, que habita no Eterno e no Infinito e nada sabe de interesses mercenários, o guia em tudo.

Voltando ao tema da "oração", na zona da contemplação, no princípio parece a oração ser um **solilóquio** ou monólogo da alma consigo mesma. Aos poucos, porém, se revela como **colóquio** ou diálogo entre o Eu e Deus, entre o Deus de dentro e o Deus de fora, entre o divino **Aquém** e o divino **Além**. Verdade é que esse Deus é um só, é a Divindade una e única. Mas o modo como a alma experimenta e saboreia essa Realidade, una e única, se bifurca na relação entre o Deus pessoal imanente — e a Divindade impessoal transcendente.

Desse solilóquio e desse colóquio haure o homem todas as luzes e forças da sua vida. Nada e ninguém o pode tornar infeliz, depois de um desses encontros com o Infinito. E ele se admira de que, em tempos antigos, possa ter confundido "felicidade" com "gozo" e "infelicidade" com "sofrimento". Agora ele enxerga, nitidamente, que gozo ou sofrimento **acontecem** ao seu ego, mercê das circunstâncias — ao passo que felicidade ou infelicidade nunca lhe acontecem, mas são **produzidas** por seu Eu, quando este supera o ego ou quando se deixa por ele escravizar.

Felicidade é a consciência da harmonia com o Infinito; infelicidade é a consciência da desarmonia com o Infinito.

(In: *Rumo à Consciência Cósmica*, Huberto Rohden, Editora Martin Claret, São Paulo, 1998.)

A ARTE DE VIVER

SUELY BRAZ COSTA - Empresária mineira da cidade de Uberaba, é graduada em Letras e durante muitos anos lecionou Português e Literatura. Foi assessora de assuntos educacionais da Faculdade de Medicina do Triângulo Mineiro. Atualmente é Diretora de Vendas da Zebu Ecológica e presta consultoria de marketing. Em 1992, foi eleita a Empresária do Ano. É autora, entre outros, dos livros *De Bóia-Fria a Empresário Internacional* e *Administração Holística — A Intuição como Diferencial, Cada Pessoa é Uma Empresa*, sobre os quais profere palestras pelo Brasil.

> **Meditação é uma prática com a qual adquirimos saúde física, mental e espiritual. Ela harmoniza nossos pensamentos e acalma a mente turbulenta quando mergulhamos no aparente vazio do universo.**

A ARTE DE VIVER

Centros espirituais — os chakras

Greg Brodsky

Existem onze chakras principais, ou centros de energia, no corpo. (Existem mais de 10.000 chakras menores somente na cabeça; outros nas mãos, nos pés e no tronco.) Cada chakra tem uma função específica, quer física quer espiritual, que deve ser ativada antes que possa ter lugar a evolução espiritual. Alguns chakras funcionam em você agora em graus diversos e essa função pode ser observada em seu caráter, personalidade e estado físico. Quando todos eles começam a funcionar completamente, seu espírito interior se manifestará livremente.

Os chakras são:

1. *O chakra raiz* (Muládhára), o primeiro chakra, está localizado na base da coluna vertebral, no sacro. É a sede de sua energia mais profunda. Sendo um centro de energia em vez de uma estrutura física, pode expandir-se para além dos limites de seu corpo físico quando se desenvolve. Isto também é verdadeiro para todos os chakras.

2. *A criação ou centro sexual* encontra-se no corpo

no nível da genitália. Sua função é a criação da vida e o renascimento espiritual. A energia sexual bruta que emana deste chakra é a força criadora básica que "aciona" a maior parte da população do mundo. Quando você se desenvolve espiritualmente, torna-se capaz de empregar e de reempregar essa energia em seu desenvolvimento interior.

3. *O chakra do ponto um* (Tan-Den ou Hara, em japonês) está localizado entre a pube e o umbigo. Funciona como a sede de todo o poder sobre o plano físico e é responsável pela vida na terra. Ele controla todos os outros chakras, exceto o primeiro e o décimo primeiro. Este terceiro chakra é o "centro" de seu corpo.

4 e 5. *O quarto e quinto chabras* situam-se no espaço entre o umbigo e o chakra do coração. Não tenho ainda compreensão exata de sua finalidade e não encontrei referências que os mencionem. Entretanto, experimentei seu movimento de energia em um grau limitado e portanto tenho consciência de sua presença. Um deles provavelmente está associado com o baço (alguns textos de *yôga* falam do chakra do baço).

6. *O sexto chakra, o centro do coração (Anãhata)*, situa-se no meio do tórax, abaixo do esterno e controla as emoções. Quando estimulado, faz aparecer e aumenta os aspectos mais elevados e mais nobres do homem (amor, gratidão, compaixão) e, portanto, é o chakra do nível E do desenvolvimento. Está associado à glândula do timo e ao coração.

7. *O chakra da garganta (Vishuddha)*, localizado na base da garganta, está associado à glândula tireóide. É a sede da personalidade e dos sons criadores da fala (logos). Está também associado ao nível E.

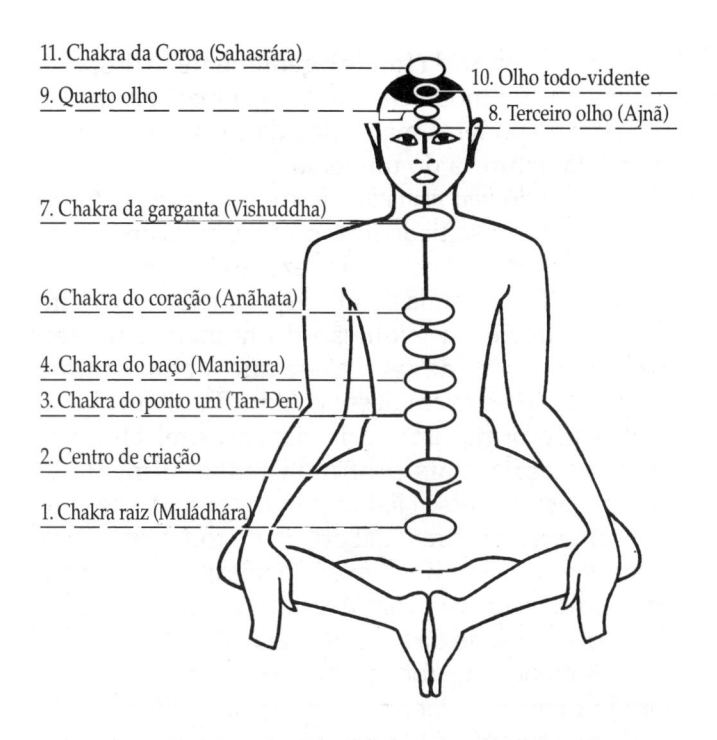

- 11. Chakra da Coroa (Sahasrára)
- 10. Olho todo-vidente
- 9. Quarto olho
- 8. Terceiro olho (Ajnã)
- 7. Chakra da garganta (Vishuddha)
- 6. Chakra do coração (Anãhata)
- 4. Chakra do baço (Manipura)
- 3. Chakra do ponto um (Tan-Den)
- 2. Centro de criação
- 1. Chakra raiz (Muládhára)

8. *O oitavo chakra (Ajnã)*, também conhecido como o "Terceiro Olho", localiza-se na fronte entre as sobrancelhas. Está associado à glândula pineal, que também é uma espécie de olho rudimentar. A estimulação deste chakra constitui o início da jornada espiritual para a unidade, o início da consciência cósmica (nível A). Quando desperta e amadurece, ele se junta com o chakra diretamente acima dele como uma haste e uma flor.

9. *O nono chakra pode ser chamado de Quarto Olho.* Ele é o florescimento do oitavo chakra e a verdadeira entrada para o nível E.

10. *O décimo chakra é o* "Olho que Tudo vê." Ele

repousa no centro da fronte e geralmente só desperta depois que foi mobilizada a energia mais profunda. Ele abre os poderes mais altos da mente à compreensão da natureza do universo.

11. *O décimo primeiro chakra, o Chakra da Coroa (Sahasrára)*, está sediado no topo da cabeça, um pouco mais para a parte de trás. Às vezes é chamado de "O Lótus de Cem Pétalas". O despertar desse chakra marca o início da evolução do homem para seu estado mais alto de ser. Diz-se que a alma entra e deixa o corpo através desse chakra. Também ele é o centro da projeção astral e da viagem astral. Uma vez que a energia mais profunda tenha alimentado completamente esse chakra por um período de tempo, começa sua obra de abertura de todos os outros centros na cabeça, cada um dos quais libera um outro aspecto da verdadeira natureza do homem. O Chakra da Coroa é a sede da consciência maior do homem.

A menos que todos os chakras estejam funcionando dentro de você, você não pode ter uma vida espiritual completa. O corpo todo funciona como um universo espiritual e físico. Por esta razão, práticas isoladas que se centralizam apenas nos chakras específicos não são completas o bastante para produzir o desenvolvimento de todo o seu ser. Todos os chakras eventualmente se abrirão se você puder deixar que a sua energia corra por todos eles e os desperte. É um processo simples de iniciar a "trabalhar" com eles, mas exige muita sensibilidade e perseverança. O emprego dos chakras também ajuda a absorver energia vital — *Ki*, para empregar o termo japonês (*ch'i* em chinês, *Prana* na Índia; o termo ocidental é "bioenergia").

Meditação do Terceiro Olho

Sente-se no chão ou em uma cadeira. Suas costas devem estar retas e não apoiadas. Relaxe. O primeiro ponto de abertura neste exercício está no Terceiro Olho. Respire lenta e profundamente e, quando inalar, traga a energia através do Terceiro Olho para dentro do seu cérebro e para baixo também para o seu chakra da garganta. Você pode engolir ou bocejar para estender sua garganta um pouco (faça um "canal" em sua garganta), para relaxar qualquer tensão muscular nesta área. Continue a levar todo o ar e energia dessa respiração para baixo até atingir seu chakra do coração. Mantenha-a aí por uns dez segundos *sem esforço*. A inalação é mantida pela expansão de seu tórax apenas. O ar deve ser bloqueado no interior. Quando você começa a sentir uma expansão profunda e completa em seu tórax, deve relaxar e abolir qualquer tensão que sinta em seu corpo. Você inala energia para dentro do chakra do coração e deixa-o expandir-se. Tome consciência do fato de que você está começando a abrir seu centro emocional e de que deve querer deixar que a energia aí trabalhe para você.

Quando expirar, relaxe mais completamente, porém retenha o sentido e a sensação de *expansão* em sua cabeça, garganta e especialmente no seu tórax. Não exale todo o ar que existe em seus pulmões, mas retenha bastante para ajudá-lo a manter a sensação de expansão. É como se houvesse, em sua garganta e tórax, um balão alongado que você nunca deixa esvaziar completamente quando inspira e expira.

Agora inale uma segunda vez e "leve" a energia da inalação suavemente através da mesma passagem anterior e para baixo na parte inferior do abdome. Suas vísceras então se expandirão e você está energizando o terceiro chakra. No momento em que você quiser, sentirá a energia do terceiro chakra mobilizar e penetrar no centro sexual. Quando isto acontecer, você pode esperar uma sensação de formigamento ali, assim como uma expansão *interior* mais profunda. Quando você sentir o formigamento e a expansão, pressione e puxe a energia que ali você sente para trás da base de sua espinha. Aperte o esfíncter anal suavemente e puxe essa energia para trás e para cima do centro da coluna espinhal para atingir o chakra da coroa no topo de sua cabeça.

Esta passagem de energia do Terceiro Olho (e nariz) através de vários chakras para a base da espinha e dali para o topo da cabeça, é o tipo natural de corrente de um ser humano. Esta meditação, portanto, promove a afluência de energia. Quando a energia tiver fluido livremente para dentro do chakra da coroa durante algum tempo (que varia tanto que chega a ser imprevisível), o chakra se desenvolve e começa a funcionar completamente.

(In: *Do jardim do Éden à Era de Aquarius* - O Livro da Cura Natural, Greg Brobsky, Ground, Rio de Janeiro, 1978.)

> À medida que conseguirdes dominar os vossos impulsos e pensamentos, percebereis no vosso interior uma força silenciosa, que ali se vai desenvolvendo, e sentireis tranqüilidade e vigor que não vos abandonarão jamais.

James Allen

A ARTE DE VIVER

Zen

Reader's Digest

A forma japonesa do budismo, conhecida por Zen, é um sistema de MEDITAÇÃO e de autodisciplina continuada, que tem por objetivo a transformação completa da experiência cotidiana dos seus seguidores através dos ensinamentos da introspecção e da conscientização.

O budismo começou na Índia, no século 6 a.C., de onde foi levado para a China, em cerca de 520 d.C., por um monge chamado Bodhidharma, segundo a tradição. O tipo de meditação que ele ensinava tornou-se conhecido na China por *ch'an*. No século 12, a doutrina foi introduzida no Japão, onde floresceu desde então, sob a forma de Zen.

A meditação Zen tem por objetivo uma introspecção direta feita pelo indivíduo em um nível muito profundo para se poder exprimir por palavras. Quando atingido, esse estado é conhecido por esclarecimento. Tal como outras formas de budismo, o Zen também ensina que a infelicidade provém do desejo de que as coisas sejam diferentes daquilo que são realmente, e que aprender a aceitar o mundo real é um importante passo no caminho que conduz ao esclarecimento.

No budismo, a noção de uma identidade pessoal fixa é vista como o maior obstáculo no caminho para o esclarecimento. Todas as pessoas querem crer que o eu, ou personalidade com a qual se identificam, é permanente, mas o budismo defende que tudo tem de mudar, incluindo o eu.

O ensino destina-se a dar apoio aos indivíduos para que se vejam como parte de um processo de mudança jamais acabado e para enfraquecer a ligação que eles têm com uma determinada auto-imagem.

Para quem é útil

A meditação e a formação Zen têm por objetivo ajudar quem quer que sinta necessidade de um nível mais profundo de introspecção e conscientização na vida cotidiana ou que esteja insatisfeito com o modo de vida materialista e "egocêntrico" que domina a sociedade ocidental contemporânea. A nova perspectiva ensinada pelo Zen e os efeitos da prática de técnicas como a meditação também podem ajudar em casos de ESTRESSE, ANSIEDADE e DEPRESSÃO, que são aspectos negativos da vida cotidiana de muitos ocidentais.

Como encontrar um professor

O Zen é ensinado como forma de ensino privado — cada aluno recebe formação pessoal com um professor particular, que se torna o seu mestre. O papel do professor é guiar, encorajar e, se necessário, desafiar o aluno para que progrida.

Encontro
com o professor

A filosofia Zen tem por objetivo o desenvolvimento de uma forma de compreensão direta, tendo por base a intuição e ultrapassando as fronteiras do pensamento e raciocínio normais. São utilizadas três técnicas principais: prática cotidiana, meditação e histórias, jogos de adivinhar e quebra-cabeça especiais concebidos para levar o pensamento além dos limites do intelecto.

Prática cotidiana

O objetivo mais importante é a aplicação do princípio budista de "atenção permanente", a cada momento em que o indivíduo está acordado. Isso significa estar permanentemente consciente das próprias reações, dedicando-nos completamente a cada atividade enquanto a desempenhamos, em vez de desejar estar fazendo outra coisa, se lamentando ou apenas dizendo: "Eu queria..." ou "Se ao menos..."

A dificuldade consiste em conseguir ultrapassar o desejo habitual de nos conservarmos agarrados às nossas ilusões e aos nossos desejos — mesmo que estes possam nos causar raiva, frustração e desapontamento.

A filosofia Zen ensina que, vendo esses sentimentos negativos pelo que eles realmente são, aceitando-os e "sofrendo através" deles, o lado voluntarioso e exigente da personalidade pode ser domado. Quando se atinge esse estado, a felicidade e a boa sorte são aceitas com gratidão, mas o aluno não fica ligado a elas, pois ele sabe que, como todo o resto, são passageiras.

Meditação

Conhecida por *za-zen* (literalmente, "meditação sentada"), trata-se na realidade de um tipo especial de prática cotidiana. Os alunos sentam-se de pernas cruzadas sobre almofadas, com o peso distribuído igualmente entre as nádegas e os joelhos, a coluna reta e a cabeça equilibrada na vertical.

Começam por aprender a meditar contando em silêncio a própria respiração, indo de um a dez. Quando surgem outros pensamentos, o aluno deve afastá-los sem se preocupar com eles e recomeçar a contagem.

O *za-zen* torna-se, por vezes, uma técnica desconfortável, tanto do ponto de vista físico como mental. Manter a mesma postura durante muito tempo pode, na verdade, tornar-se um incômodo, e a meditação obriga os alunos a enfrentar o tumulto dos seus próprios pensamentos agitados.

Com a continuação, no entanto, os praticantes da meditação aprendem a deixar que os pensamentos vão e venham, sem fazer julgamentos a respeito deles. A determinada altura, atinge-se um estado em que o indivíduo está consciente, sem que exista um "eu" pessoal que tenha consciência.

O *za-zen* é praticado todos os dias, tanto individualmente, como em grupo. De vez em quando, são feitos períodos de meditação mais extensos, conhecidos por *sesshin*, que podem prolongar-se por horas ou até dias.

Histórias, enigmas e quebra-cabeça

A filosofia Zen é plena de histórias, enigmas, parábolas e paradoxos que pretendem "enredar" ou arejar a mente racional, liberando o aluno para novas formas de pensamento.

Uma dessas histórias fala de dois monges que, olhando para uma bandeira sacudida pelo vento, discutiam entre si. Um deles diz: "A bandeira está se mexendo." O outro responde: "Não, é o vento que está se mexendo." Um mestre que passava censura-os, dizendo: "São as suas mentes que se mexem". Mesmo esta, afirmam os professores, não é a última palavra.

Os alunos nas fases mais avançadas recebem às vezes do professor um *koan* sobre o qual devem meditar. Trata-se de enigmas que não podem ser compreendidos nem resolvidos pela razão. Dois exemplos disso são: "Qual é o som de um bater de palmas com uma só mão?" e "Mostre-me o teu rosto original antes de teres nascido".

O efeito é confrontar o intelecto com uma barreira que nenhum tipo de pensamento lógico pode penetrar. Em vez disso, a introspecção pode resultar em reação nascida do momento imediato — um sorriso, um grito, a visão de gotas de chuva a escorrer por uma vidraça, por exemplo. A resposta será "desfazer" a pergunta. O problema reside no fato de ser chamado de problema.

A filosofia Zen ensina que a cada momento de introspecção o efeito estrangulador do eu pessoal sobre o modo de pensar do indivíduo é afrouxado, permitindo então o desenvolvimento de uma compreensão nova e mais profunda. Com essa compreensão, surge uma capacidade de viver em harmonia com o presente — sejam quais forem as circunstâncias — e um sentimento de "percorrer com leveza", sem ligações fortes, o mundo cotidiano.

O que dizem os médicos

Existe o risco de a própria natureza não familiar da filosofia Zen tornar-se atraente aos olhos de pessoas que sofrem ou que não conseguem, por motivos diversos, encontrar pontos de contato com a vida cotidiana. É importante levar em consideração, no entanto, que o Zen não é uma forma de psicoterapia e não pode proporcionar alívio fácil em caso de problemas mentais e emocionais O nível de auto-confrontação a que obriga poderá mesmo torná-lo perigoso para algumas pessoas que tenham defesas psicológicas frágeis.

A filosofia Zen encerra uma abordagem da vida e do modo de viver fundada sobre uma visão oriental do Universo. Muitos dos métodos praticados pelos monges Zen foram introduzidos em programas ocidentais de redução do estresse, mas aprendê-los através do próprio Zen implica também a adesão à filosofia budista.

(In: *Dicionário de Medicina Natural*, Reader's Digest/Livros, Rio de Janeiro, 1997.)

A ARTE DE VIVER

ALBERT EINSTEIN - Cientista, filósofo e humanista, nascido em Ulm, no sul da Alemanha. Considerado um dos grandes gênios do século 20. Em 1915 apresentou a revolucionária descoberta da Teoria Geral da Relatividade. Em 1921 recebeu o prêmio Nobel de Física. Escreveu vários livros sobre ciência e filosofia.
Viveu em Princeton (USA), onde foi professor.
(1879 - 1955)

> **Penso noventa e nove vezes e nada descubro; deixo de pensar, mergulho em profundo silêncio — eis que a verdade se me revela.**

A ARTE DE VIVER

Spa mental

Brasileiros buscam mosteiros, retiros e centros de meditação para fugir do estresse

*Cristine Prestes e
Rodrigo Vieira da Cunha*

Antes de o sol nascer, o monge tibetano Chagdud Tulku Rinpoche enfrenta o ar gelado das montanhas e reúne seus discípulos para a sessão de meditação no templo budista. O silêncio só é quebrado pelos mantras que os 22 residentes começam a entoar. A cena, que seria mais apropriada nas alturas do Himalaia, acontece todos os dias a 93 quilômetros de Porto Alegre, no município de Três Coroas. Ali, o primeiro templo de budismo tibetano da América Latina está recebendo os últimos retoques. Com capacidade para 400 pessoas, ele ficará pronto só no fim do ano, mas já está funcionando. Além de um pequeno grupo de internos, recebe um número crescente de visitantes. É um dos muitos centros procurados nos fins de semana por brasileiros comuns, que vivem e trabalham nas grandes cidades e querem fugir da tensão. É cada vez maior o número de seitas orientais, igrejas cristãs e institutos não religiosos que praticam a meditação como técnica de relaxamento no país.

A meditação é uma técnica desenvolvida há milhares de anos pelas religiões orientais. Mais tarde foi adotada também no Ocidente, onde era praticada em mosteiros e conventos durante a Idade Média. Ela consiste basicamente em se concentrar em algo repetitivo, que pode ser um mantra, uma oração ou um som. Alguns praticantes meditam simplesmente acompanhando o ritmo regular da respiração. É uma forma de esvaziar a mente das preocupações cotidianas. No caso das igrejas católicas, rezar um terço pode ter o mesmo efeito. Depois de alguns minutos, a repetição leva a um estado no qual a freqüência das ondas cerebrais e dos batimentos cardíacos diminui. Os instrutores recomendam que o método seja praticado em lugares tranqüilos, para evitar que a mente se distraia. Pessoas mais treinadas, porém, conseguem relaxar até mesmo dentro de um carro preso em um congestionamento.

Recomendação médica

Durante muito tempo, a meditação esteve associada à oração e à prática religiosa. Hoje, por seus comprovados benefícios à saúde, é receitada até pelos

Corpo e mente

Estudos científicos feitos por universidades e centros de pesquisa indicam que a prática regular de meditação oferece benefícios ao organismo. Os principais deles são:

- redução da pressão sanguínea
- melhora das funções motoras
- maior reconhecimento auditivo
- aumento dos reflexos
- ganho da criatividade
- diminuição da ansiedade
- aumento da inteligência
- redução da necessidade de cuidados médicos

Fonte: *Sociedade Internacional de Meditação*

médicos. É uma das melhores maneiras, por exemplo, de combater o estresse e a ansiedade. "Aprendi o valor dela e passei a indicar aos pacientes", conta o cardiologista Mário Maranhão, de Curitiba. Um estudo da Sociedade Psicossomática Americana revela que a incidência de internações por problemas cardiovasculares é 87% menor entre pessoas que fazem meditação. Quem tem mais de 40 anos e a pratica regularmente reduz em dois terços as visitas ao médico. "Os resultados aparecem em dois a três meses", diz o neurologista paulista Valter da Costa. A filial brasileira da Sociedade Internacional de Meditação em São Paulo, já ensinou a técnica a 85.000 pessoas desde que chegou ao país, em 1967. Nos últimos anos, vem sendo requisitada também por órgãos do governo e empresas privadas. Já ofereceu cursos para 47.000 funcionários públicos, entre policiais, professores e médicos, a convite das secretarias estaduais e federais. Também assessora empresas preocupadas em melhorar o ambiente de trabalho.

A meditação é sagrada para o professor de educação física gaúcho Marcelo Soares. Há quinze anos, ele repete o ritual diário de recitar um mantra por vinte minutos. "Desenvolvi minha capacidade de concentração e agora aprendo mais rápido", afirma. Progresso semelhante foi constatado pelo atleta carioca Rui Marra. Ele garante que foi graças à prática regular que conquistou o bicampeonato brasileiro de vôo livre. "A meditação fortalece a personalidade", diz. "Com ela, a pessoa fica muito mais organizada e objetiva." Muita gente prefere meditar em retiros espirituais instalados fora das grandes cidades. Nos Estados Unidos, existe até um guia popular chamado *Sanctuaries* (Santuários), que ajuda a escolher o mosteiro ou convento mais adequado. Em muitos deles, quem quiser dedicar um fim de semana à meditação deve fazer reserva com antecedência. No Brasil, a tendência é semelhante. Para facilitar a adesão de pessoas que não podem ausentar-se de casa e do trabalho por muito tempo, a Casa de Retiro Padre Anchieta, no Rio de Janeiro, reduziu o programa tradicional, de trinta dias, para uma semana. Durante esse período, os freqüentadores fazem voto de silêncio e dedicam-se a leituras e orações. Com a novidade, a procura aumentou. O local está com os 45 quartos lotados até o final do ano, reservados para praticantes de fim de semana. "As pessoas chegam aqui em busca de uma conversa interior", diz o padre José Marcos de Faria, responsável pelos grupos de meditação. "No dia-a-dia, elas falam demais. Aqui, aprendem a escutar mais."

(In: Revista *Veja*, Editora Abril, nº 36, 9 de setembro de 1998, Cristine Prestes e Rodrigo Vieira da Cunha.)

A ARTE DE VIVER

MARTIN CLARET - Empresário, editor e jornalista. Nasceu na cidade de Ijuí, RS. Presta consultoria a entidades culturais e ecológicas. Na indústria do livro inovou, criando o conceito do livro-*clipping*. É herdeiro universal da obra literária do filósofo e educador Huberto Rohden. Está escrevendo o livro *O Infinito Jogo da Vida — Novas Tecnologias para Atualização do Potencial Humano*. (1928 -   )

> *A verdadeira meditação, a meditação Alfa-M, é um estado dinâmico de não-mente. É a perfeita unificação da parte com o TODO; do vivo com a VIDA; do finito com o INFINITO.*

A ARTE DE VIVER

Sandro Botticelli
(1445-1510)

A pintura renascentista florentina, que se iniciara com artistas como Fra Angélico e Masaccio, adquiriu na segunda metade do século 15, com Botticelli, um caráter refinado, melancólico e elegante, afastado das buscas científicas do princípio do século.

Alessandro di Mariano Filipepi, conhecido como Sandro Botticelli, nasceu em Florença, em 1445. Pouco se sabe dos primeiros anos de sua vida. Por volta de 1465 entrou para o ateliê de Filippo Lippi, cujo estilo elegante marcou claramente suas primeiras obras. Mais tarde trabalhou como ajudante de Andrea Verrochio e conheceu Piero Pollaiuolo, criadores que o influenciaram.

Aos 25 anos, Botticelli já possuía ateliê próprio. Entre as primeiras peças ali produzidas destacam-se a alegoria de *A fortaleza* e o *São Sebastião*, que refletiam a maestria de Pollaiuolo na anatomia e no movimento da figura. Por volta de 1477 pintou uma de suas obras mais conhecidas, *A primavera*, em que apresentou Vênus, diante de uma paisagem arborizada, em companhia das Três Graças, Mercúro e Flora, entre outras personagens mitológicas. O quadro era uma alegoria do reino de Vênus, e a deusa representava a *humanitas*, isto é, a cultura florentina da época.

Em 1481, Botticelli foi chamado a Roma pelo Papa Sisto IV para trabalhar, junto com Ghirlandaio, Luca Signorelli, Cosino Rosselli e Perugino, na decoração da Capela Sistina, onde realizou *A tentação de Cristo* e dois episódios da vida de Moisés, obras que lhe deram fama. De regresso a Florença, trabalhou principalmente para a família Medici e participou ativamente do círculo neoplatônico impulsionado por Lourenço, o Magnífico, cuja vila de Volterra, decorou, em colaboração com Filippino Lippi — filho de seu antigo mestre — e também com Perugino e Ghirlandaio.

Nesses anos realizou suas obras mais célebres, de caráter profano e mitológico, como *Marte e Vênus*, *Palas e o centauro*, *O nascimento de Vênus*, relacionadas com o neoplatonismo do filósofo Marsilio Ficino. Na última delas, executada por volta de 1485, pintou Vênus sobre uma concha, emergindo da espuma do mar, para simbolizar o nascimento da beleza através do nu feminino. O desenho, delicado e rítmico, e o refinado emprego da cor, característicos de Botticelli, alcançaram aí perfeita expressão. Entre os quadros religiosos que realizou nessa época, destacou-se a *Virgem do Magnifat*, quadro circular, em que os ideais de beleza apareciam plasmados no rosto da Virgem.

No princípio da década de 1490, a obra de Botticelli viu-se afetada pelo dominicano Girolamo Savonarola, influente em Florença entre 1491 e 1498, após a morte de Lourenço, o Magnífico. Desapareceu a temática mitológica, substituída por outra, devota e atormentada, cujos melhores exemplos foram a *Pietà* de Munique e *A calúnia de Apeles*, baseada nas descrições de um quadro do grego Apeles.

Botticelli morreu em Florença em 17 de maio de 1510, quando triunfava na Itália a estética do alto Renascimento, a que suas últimas obras não foram alheias, pois várias delas mostram um alargamento de escala e uma importância típicos da nova fase.

A pintura do Quatrocentos italiano teve como último grande representante Sandro Botticelli, cuja obra apresenta uma independência bastante acentuada em relação aos artistas anteriores. Deixando de lado a beleza de suas personagens, assim como o misticismo com que estes são representados, a obra botticelliana emana algo que bem podia entroncar com o enigmático e mesmo com o misterioso. Também contribuam para criar esse efeito as luzes e sombras, que nunca são coerentes e surgem nas obras de maneira completamente aleatória.

Seja como for, o certo é que Sandro Botticelli passou a ser um verdadeiro "mito" na história da pintura.

A ARTE DE VIVER

Última Mensagem

Martin Claret

Este livro-clipping é uma experiência educacional. Ele vai além da mensagem explícita no texto.
É um livro "vivo" e transformador.
Foi construído para, poderosamente, reprogramar seu cérebro com informações corretas, positivas e geradoras de ação.
O grande segredo para usá-lo com eficácia é a aplicação da mais antiga pedagogia ensinada pelos mestres de sabedoria de todos os tempos:
A REPETIÇÃO.
Por isto ele foi feito em formato de bolso, superportátil, para você poder carregá-lo por toda parte, e lê-lo com freqüência.
Leia-o, releia-o e torne a relê-lo, sempre.
Invista mais em você mesmo.
Esta é uma responsabilidade e
um dever somente seus.
Genialize-se!